Flüchtlingsrouten 1933 bis 1942

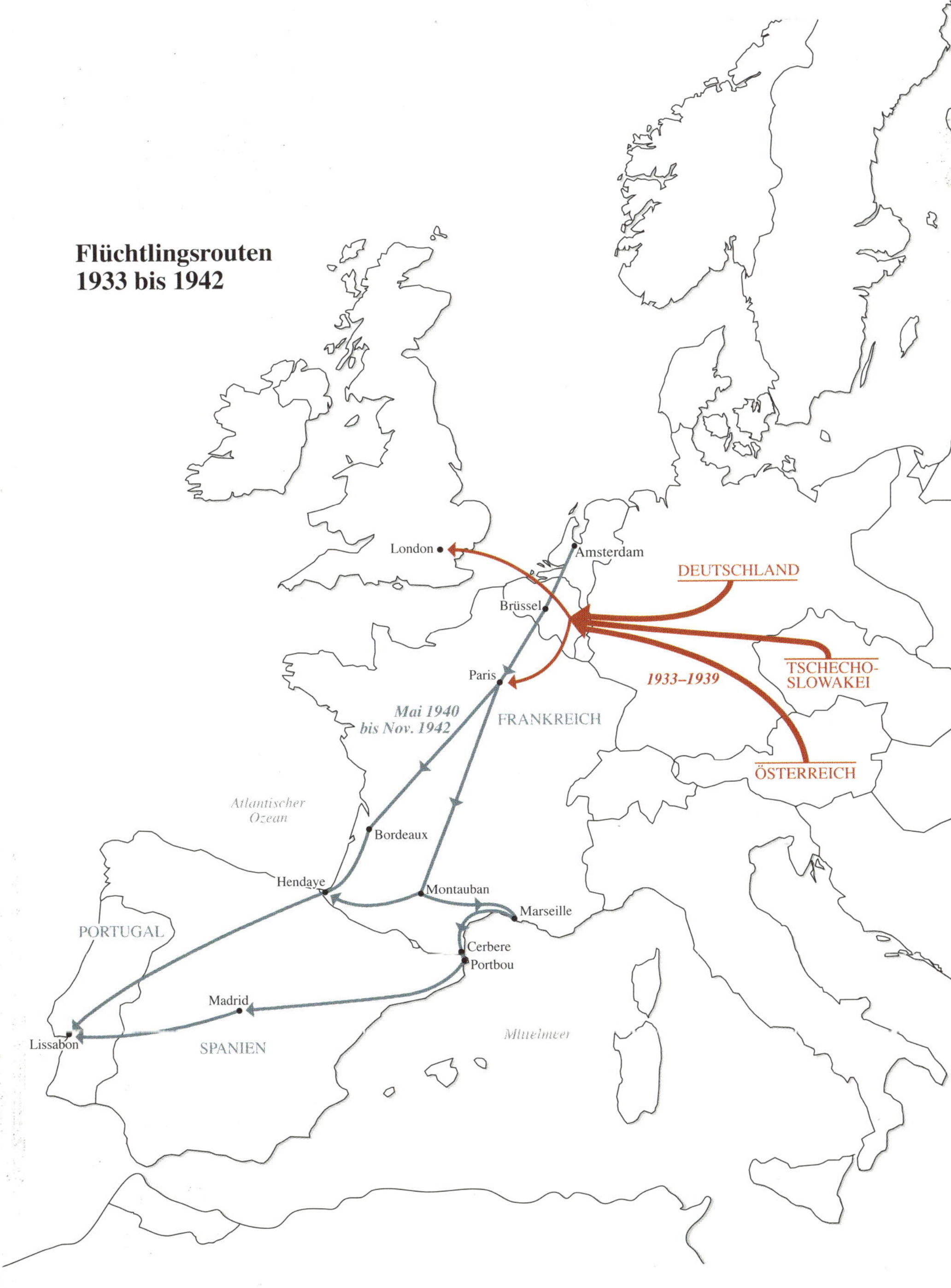

Herbert Lackner

Die Flucht der Dichter und Denker

Wie Europas Künstler und Wissenschaftler den Nazis entkamen

ueberreuter

Bildnachweis

Vorsatz/Nachsatz, S. 17, S. 18, S. 86: Noa Weissmann
S. 26: Anonym/Imagno/picturedesk.com
S. 43: KEYSTONE/Thomas-Mann-Archiv
S. 47: Abraham Pisarek /Ullstein Bild/picturedesk.com
S. 72: Amt der NÖ Landesregierung / Land Niederösterreich, Abteilung Kunst und Kultur Landessammlungen
S. 83: Das Bundesarchiv
S. 100, S. 160: United States Holocaust Memorial Museum
S. 108: Eva Herrmann/Porträtzeichnung Lion Feuchtwanger 1934/Bildrecht, Wien 2017; Deutsche Nationalbibliothek/Deutsches Exilarchiv 1933–1945, Frankfurt/Main
S. 110: akg-images/picturedesk.com
S. 115: Sammlung Bentz
S. 132: ullstein bild/Ullstein Bild/picturedesk.com
S. 142: privat
S. 143: Monika Saulich
S. 144: VGA, AZ-Bildarchiv
S. 153: Georg Pahl/Das Bundesarchiv
S. 177: Heilig/Das Bundesarchiv
S. 189: Herbert Lackner

Der Verlag hat sich bemüht, alle Inhaber von Bildrechten ausfindig zu machen. Sollten berechtigte Ansprüche übersehen worden sein, werden die Rechteinhaber gebeten, sich mit dem Verlag in Verbindung zu setzen.

1. Auflage 2017

ISBN 978-3-8000-7680-2

Covergestaltung: Saskia Beck, s-stern.com
Coverfoto: © Shutterstock/Doug Berndt
Lektorat: Marina Hofinger
Satz: Hannes Strobl, Satz·Grafik·Design, Neunkirchen
Druck und Bindung: Finidr s. r. o.
www.ueberreuter-sachbuch.at

INHALT

VORWORT

Dies ist ein Buch über Flüchtlinge. Flüchtlinge, die sich über Gebirgszüge schleppten, die auf klapprigen Kähnen über die Weltmeere fuhren, an Grenzzäunen scheiterten, in Städten verzweifelt um Aus- und Einreisepapiere kämpften, die von ihren Kindern getrennt wurden, ihre Eltern auf der Flucht verloren und manchmal in jenes Land zurückgeschickt wurden, aus dem sie eben geflohen waren und wo sie der Tod erwartete.

Szenen, wie sie sich heute an den Rändern des zunehmend befestigten Europa ereignen, auf der Balkanroute oder im Mittelmeer, spielten sich damals in der Mitte des Kontinents ab. Nach der Machtergreifung Adolf Hitlers in Deutschland 1933 begann eine Massenflucht, in den folgenden Jahren verließen Hundertausende ihre Heimat Mitteleuropa. Als Nazi-Deutschland im Frühsommer 1940 große Teile Westeuropas überrannte, strömten Flüchtlingsheere nun auf den Straßen von Holland und Belgien in Richtung Süden und schwollen rasch an. Im Juni 1940 fiel Paris. Nun ergoss sich die Welle der Flüchtenden in die Städte Südfrankreichs, aber auch sie waren bald kein sicherer Hafen mehr. Vielen der Vertriebenen blieben nur die wilden Pfade der Pyrenäen, um nach Spanien und schließlich in die Küstenstädte Portugals zu gelangen: Sie mussten auf ein Schiff, um ihren Häschern zu entkommen – ganz egal, wo dieses anlegen würde.

Nur eines war in diesen gebrochenen Leben gewiss: In ihre Heimat konnten sie nicht mehr zurück, dort warteten Erniedrigung und Tod.

Es waren nicht Kriegsvertriebene und Hoffnungslose aus den Städten, Wüsten und Einöden des Mittleren Ostens oder Afrikas, die hier um ihr Leben rannten, sondern Bürgersfamilien aus Berlin, Handwerker aus München, Philosophen aus Frankfurt, Journalisten aus Wien und Händler aus Prag.

Dieses Buch folgt Flüchtlingen, deren Namen jeder kennt, auf ihrer verzweifelten Stampede in überfüllten Zügen, in Viehwaggons und auf Schiffen, von denen man nicht sicher sein konnte, dass sie ihren Zielhafen erreichten.

Die Darsteller in diesem Flüchtlingsdrama heißen Thomas, Heinrich, Erika und Golo Mann, Franz Werfel, Alma Mahler-Werfel, Sigmund Freud, Alfred Polgar, Lion Feuchtwanger, Salvador Dalí, Ödön von Horváth, Alfred Döblin, Joseph Roth, Robert und Einzi Stolz, Stefan Zweig, Max Ernst, Erwin Piscator, Hannah Arendt, Anna Seghers, Friedrich Torberg, Bertolt Brecht, Marc Chagall, Oskar Karlweis, Walter Benjamin, Karl Farkas, Billy Wilder, Friedrich Adler, Hermann Leopoldi und viele andere.

Sie hatten das Geistesleben Europas geprägt und entkamen ihren nationalsozialistischen Verfolgern nur mit knapper Not auf den letzten Dampfern, die Europa verließen. Viele starben auf der Flucht.

Dieses Buch erzählt aber auch die Geschichte einer spektakulären Rettungsaktion, initiiert vom damals berühmtesten deutschsprachigen Schriftsteller, Thomas Mann, der bereits in New York lebte. Ausgeführt wurde das Bravourstück von einem amerikanischen Journalisten, dessen Name zu Unrecht in Vergessenheit geraten ist: Varian Fry. Rund 2000 Menschen haben Fry und seine Helfer beim Herannahen der Nazis das Leben gerettet, darunter die noch in Europa ausharrende Kulturelite. Heute würde man sie Schlepper nennen.

Viele der Flüchtlinge hatten ihr Land, das sie nun ächtete, schon Jahre zuvor, sofort nach der Machtübernahme der Nazis, verlassen. Regisseure wie Billy Wilder, Fritz Lang und Ernst Lubitsch, Schauspielerinnen wie Marlene Dietrich und Lotte Lenya, die Komponisten Erich Wolfgang Korngold, Kurt Weill und Arnold Schönberg, die Wissenschaftler Albert Einstein, Max Horkheimer und Theodor Adorno lebten bereits in den USA, als ihre Kollegen in Europa noch um ihr Leben rannten.

Im Frühjahr 1941 machte das Nazi-Reich die Grenzen endgültig dicht. Bis dahin hatten rund 400 000 Juden Deutschland und das ab März 1938 besetzte Österreich verlassen. Mit der Tschechoslowakei war wenig später die letzte Demokratie Zentraleuropas von Nazi-Deutschland überrannt worden. In Italien herrschte der Kampfgeführte der Nazis, der Faschist Benito Mussolini. Im Osten paktierte Stalin mit Hitler.

So blieb als Fluchtpunkt nur Europas Westen. Im Mai 1940 begann Hitlers Westfeldzug, Ende Mai fielen die Niederlande und Belgien, am 14. Juni erreichte die deutsche Wehrmacht die französische Hauptstadt. Paris wurde von der französischen Regierung zur „offenen Stadt" erklärt, also den Feinden kampflos überlassen, um es vor Zerstörung zu bewahren.

Paris war ab 1933 Heimstätte der Crème de la Crème deutschsprachiger Literatur, Kunst und Wissenschaft. Nach 1938 kamen auch österreichische Künstler. Im Juni 1940, Nazi-Deutschland hatte in einem Blitzkrieg Frankreich besiegt, begann ihre Flucht in den noch unbesetzten Süden des Landes. Wer Glück hatte, schaffte es, diesen der Zerstörung preisgegebenen Kontinent auf einem der letzten Schiffe zu verlassen.

Die meisten dieser aus ihren Heimatländern Vertriebenen waren Juden. Nichtjüdische politische Flüchtlinge waren in der Minderzahl, wobei die Unterscheidung unscharf ist: Nur ein Teil der Literaten, Denker und Tonkünstler, die nun verfolgt und vertrieben wurden, waren ihrer Religion verhaftet. Besonders unter den Linken war es üblich, sich als konfessionslos zu erklären. Man beging bestenfalls die Feiertage, als Jude fühlte man sich vor allem deshalb, weil es den Antisemitismus gab – zuerst den katholischen und dann den Rassen-Antisemitismus der Deutschnationalen und der Nazis.

Die Idee zu diesem Buch entstand an einem interessanten Ort. Stets an einem Sonntag im Juni lud Heinz Fischer während seiner Amtszeit als Bundespräsident rund um den Geburtstag seiner Frau Margit – auch sie ist ein Flüchtlingskind – einige Freunde (unter ihnen den Autor dieses Buches) zu einem kleinen Nachmittags-Fest in das obersteirische Präsidenten-Domizil Mürzsteg. Der bekannte Wiener Galerist John Sailer („Galerie Ulysses"), ein Jugendfreund Heinz Fischers, erzählte mir bei einem dieser frühsommerlichen Treffen von der Flucht seiner Familie durch Frankreich und über die Pyrenäen nach Spanien. Schließlich habe man sich nach Lissabon durchgeschlagen und durch viel Glück auf einem Schiff Platz gefunden, das Lissabon Richtung New York verließ.

John Sailers Vater Karl Hans Sailer war Redakteur der Wiener „Arbeiter Zeitung“ gewesen und hatte nach dem Verbot der Sozialdemokratischen Partei 1934 bis zu seiner Verhaftung 1936 die illegalen „Revolutionären Sozialisten“ im Untergrund angeführt.

John war drei Jahre alt, als man sich im Oktober 1940 in Lissabon einschiffte. Seine Erinnerungen an die mehrtägige Überfahrt nach New York sind naturgemäß vage, aber so viel hatten ihm seine Eltern oft erzählt: Auf der „Nea Hellas“, einem der letzten Schiffe, das auf direktem Weg New York ansteuerte, seien viele bekannte Künstler gewesen, darunter der damals schon weltberühmte Schriftsteller Franz Werfel und seine Frau Alma, die Witwe des Hofoperndirektors Gustav Mahler.

Ich ging John Sailers Hinweis nach und fand heraus, dass noch weit mehr europäische Geistesgrößen ihren Verfolgern auf dem unter griechischer Flagge kreuzenden Ozeandampfer „Nea Hellas“ entkommen waren. So prominent waren die Passagiere dieser Überfahrt in höchster Not, dass die Reporter aller New Yorker Zeitungen im Hafen auf die Emigranten warteten. Die „New York Times“ widmeten der Ankunft der berühmten Europäer den Blattaufmacher und die ganze Seite eins.

Darüber schrieb ich im Frühjahr 2015 ein Feature für das Nachrichtenmagazin „profil“ – in der Überzeugung, dass zu diesem Thema nach zusätzlichen Recherchen noch viel Interessantes zu erzählen wäre.

Wenige Monate später setzte die große Fluchtwelle aus den Kriegs- und Krisengebieten des Nahen und Mittleren Ostens ein, die in vielem, wenn natürlich nicht in allem, der seinerzeitigen „Flucht der Dichter und Denker“ ähnelte. Die Flüchtlinge der Jahre 1933 und danach hatten oft mehr finanzielle Reserven. Es gab keine große kulturelle Kluft, sie waren mit der Sprache ihrer Fluchtländer wenigstens einigermaßen vertraut und konnten vielleicht eine Zeit lang bei Verwandten oder Freunden unterschlüpfen. Die Berühmtesten unter ihnen leisteten sich sogar Villen im Süden Frankreichs.

Allerdings waren ihnen, anders als den Flüchtlingen des Jahres 2015, ihre Verfolger auf den Fersen: die Nazi-Spitzel, die Gestapo, die

Kollaborateure. Nach dem Einmarsch von Hitlers Truppen im Juni 1940 lebten Flüchtlinge auch im nicht besetzten und vom Marionettenregime des Marschalls Philippe Pétain regierten Südfrankreich keineswegs in Sicherheit.

Der lange Arm der Nazis reichte entsprechend dem Waffenstillstands-Abkommen von 1940 sogar bis in die französischen Kolonialgebiete, ein Thema, dessen sich der legendäre Film „Casablanca" schon 1942 annahm. Regisseur war der in Budapest geborene Michael Curtiz (eigentlich Micháły Kertész Kaminer; 1886–1962), der in den 1920er-Jahren über Paris in die USA ausgewandert war. Zwei erst kurz vor Drehbeginn vor den Nazis geflohene Altösterreicher, Paul Henreid und Peter Lorre, ließ Curtiz in „Casablanca" tragende Rollen spielen.

In einem gibt es jedenfalls keinen Unterschied zwischen den Flüchtlingen von damals und jenen von heute: Weder die von den Nazis Gejagten noch jene, die seit dem Sommer 2015 dem Grauen in Syrien und im Irak entkamen, fanden viele offene Arme vor. Die einen stießen auch in ihren neuen Heimatländern auf tief verwurzelten Antisemitismus, die anderen sind mit dem Generalverdacht konfrontiert, islamistischem Extremismus anzuhängen, obwohl die meisten von ihnen doch gerade erst vor den Verwüstungen geflohen sind, die nicht zuletzt islamistischer Terror in ihrer Heimat angerichtet hat.

Bruchstücke dieser Geschichte der dramatischen Flucht vor Gestapo und SS zu den letzten noch offenen Häfen Europas tauchen wohl in Einzelbiografien auf, sie wurden jedoch noch nie zusammengefügt: Die Geschichte dieses Entkommens – und allzu häufig Scheiterns – wurde bisher noch nicht zusammenhängend erzählt.

Dies war insofern eine große Lücke, als sich viele dieser „Dichter und Denker" ja noch aus glücklicheren Tagen in der Heimat kannten und oft für dieselben Zeitungen oder Zeitschriften gearbeitet, gemeinsam musiziert oder an demselben Theater gespielt, an denselben Universitäten gelehrt hatten. Sie waren ein beträchtlicher Teil der kulturellen und wissenschaftlichen Eliten Europas. Während ihrer Flucht trafen viele von ihnen immer wieder aufeinander, zuletzt sogar auf jenem Schiff, das sie in die Freiheit bringen sollte. Nicht selten beurteilten sie dasselbe Ereignis, dieselbe Gefahr oder dieselbe Chance in jenen Tagen, in denen eine „Balkanroute“ mehr als tausend Kilometer weit durch Westeuropa führte, völlig unterschiedlich.

Neu darstellen lassen sich diese dramatischen und oft tragisch endenden Flüchtlingsgeschichten durch Dokumente, die erst durch die Öffnung einiger historischer Archive und die Errungenschaft der Digitalisierung zugänglich sind: Passagierlisten, Botschaftsunterlagen, wissenschaftliche Arbeiten, Datenbanken der Nationalbibliotheken.

Allen Vertriebenen ist dieses Buch gewidmet.

Danzig, 1. September 1939

DER ERSTE SCHUSS

Das deutsche Schlachtschiff „Schleswig Holstein“ eröffnet an diesem 1. September 1939 um genau 4.45 Uhr in der Danziger Bucht das Feuer auf polnische Stellungen. Es ist der erste Schuss des Zweiten Weltkriegs. 2076 Tage des Mordens und Grauens werden folgen. An jedem Tag dieses blutigsten Krieges der Geschichte müssen im Durchschnitt 30 000 Menschen sterben – im Granathagel zerfetzte Soldaten aus 60 verschiedenen Staaten, im Bombenregen verbrannte Frauen und Kinder, zu Tode geschundene Zwangsarbeiter, gefolterte Widerstandskämpfer, verhungerte Kriegsgefangene, systematisch ermordete Juden, Roma, Sinti und Homosexuelle.

„Seit 4.45 Uhr wird jetzt zurückgeschossen“, donnert Adolf Hitler am Vormittag dieses 1. September im Berliner Reichstag, ganz so, als hätten tatsächlich polnische Soldaten den grenznahen deutschen Sender Gleiwitz gestürmt, wie seine Propaganda behauptet. Hitler weiß natürlich, dass es verkleidete SS-Männer waren. Schon in den Wochen zuvor hatte die SS Häftlinge aus Konzentrationslagern in Soldatenuniformen zur Grenze gekarrt und dort erschossen. Tags darauf wurden sie als Opfer polnischer Übergriffe dargestellt. Auch in Gleiwitz ließ die SS einen erschossenen KZ-Häftling in deutscher Uniform zurück.

Hitlers Polen-Feldzug dauert etwas mehr als einen Monat. Am 6. Oktober fällt Deutschlands östlicher Nachbarstaat. Zwei Wochen nach Beginn des deutschen Angriffs, am 17. September 1939, lässt Stalin, wie zuvor mit Hitler-Deutschland abgesprochen, seine Rote Armee in Ostpolen einmarschieren.

Als eine der ersten Maßnahmen verfügen die deutschen Besatzer, alle Juden hätten ab sofort einen „Judenstern“ an ihrer Kleidung anzubringen, etwa handtellergroß, sechszackig dem Davidstern nachgeahmt. Mit schwarzer Schrift auf gelbem Grund hatte darauf in einer dem Hebräischen ähnelnden Schrift das Wort „Jude“ zu stehen. Im Deutschen Reich wird der „Judenstern“ erst im September 1941 obligatorisch, Reisepässen wurde bereits ab Oktober 1938 ein großes „J“ aufgestempelt.

Die Kennzeichnung der Kleidung und der Dokumente erleichtert später das Zusammentreiben der Todeskandidaten für die Transporte in die Vernichtungslager.

In Polen leben an diesem 1. September 1939, an dem Hitler das Land überfällt, rund 3,3 Millionen Juden. 90 Prozent von ihnen werden während der folgenden sechs Jahre ermordet. Nicht selten helfen Polens katholische Antisemiten den deutschen Besatzern bei der blutigen Arbeit.

Juden wurden in Polen sogar noch nach Kriegsende gejagt und umgebracht. In der Stadt Kielce südlich von Warschau verbreitete sich im Sommer 1946 das Gerücht, zurückgekehrte Juden hätten ein christliches Kind entführt, um es zu ermorden und dessen Blut für jüdische Rituale zu nutzen. In einem Pogrom, an dem sich auch Polizisten und Soldaten beteiligten, wurden 42 Überlebende des Holocaust ermordet. In der Stadt Kielce lebten bis 1941 rund 25 000 Juden; nach dem Krieg waren 200 zurückgekehrt.

In Deutschland gab es vor 1933 etwa eine halbe Million Juden. Bis zu diesem 1. September 1939, an dem Hitler den Krieg beginnt, haben 270 000 von ihnen das Land verlassen, also mehr als die Hälfte. Weitere 70 000 können bis 1941 entkommen, 160 000 Juden des „Altreichs“ werden ermordet.

In Österreich sind die Zahlen im Verhältnis zur Gesamtbevölkerung ähnlich: Die Hälfte der 200 000 Juden, die im März 1938 im Land leben, wandert bis Kriegsbeginn aus, weiteren 30 000 gelingt noch nach 1939 die Flucht. 65 000 Österreicher jüdischen Glaubens werden in den Konzentrationslagern, auf den Transporten oder auf Todesmärschen umgebracht.

Aber wo sind diese fast 400 000 jüdischen Flüchtlinge untergekommen, die zwischen Hitlers Machtergreifung und seiner Kriegserklärung an die Welt allein in Deutschland und Österreich Haus und Hof, Hab und Gut verlassen mussten? Wer hat sie aufgenommen und wer hat Widerstand gegen die Aufnahme der in ihrer Heimat Todgeweihten geleistet?

Wichtige Zielstaaten in Übersee waren in den Jahren vor Kriegsbeginn Argentinien (30 000 Flüchtlinge), Brasilien (16 000) und Chile (13 000) gewesen.

Erst im Frühjahr 2017 wurde nach dem Auffinden längst vergessener Dokumente bekannt, dass der „Zinn-Baron“ Boliviens, Moritz Hochschild (1881–1965), bei der bolivianischen Regierung bis 1939 Visa für rund 9000 jüdische Flüchtlinge aus Europa erwirkt hatte, sozusagen ein südamerikanischer „Schindler“. Hochschild – er war selbst deutschstämmiger Jude – galt freilich als Unternehmer, der sich ausbeuterischer Methoden bediente. 1952 wurden seine Minen verstaatlicht. Fast alle nach Bolivien ausgewanderten Europäer verließen das Land später wieder.

Europas Juden konnten, was ihren Fluchtort betraf, nicht wählerisch sein. Jeder Ort der Welt kam in Frage, so er nur ein wenig Sicherheit bot. Bezeichnend ist etwa der noch 1938 in Berlin erschienene „Philo-Atlas. Handbuch für die jüdische Auswanderung.“ Darin werden etwa Einreisebestimmungen, Grunderwerbsgesetze und medizinische Tipps auch für so exotische Destinationen wie Afghanistan, den Kongo und den Malaiischen Archipel aufgelistet. Die Handhabung von Moskitonetzen und die Symptome tropischer Augenkrankheiten sind ebenso Thema des Flucht-Atlas wie ein Verzeichnis der Länder, in denen regelmäßig die Pest ausbricht. Alles schien dem jüdischen Buchverlag als Herausgeber des Flüchtlings-Handbuchs sicherer als ein Leben in Nazi-Deutschland.

Aber wie hätten betagte, meist mittellose und keiner Fremdsprache mächtige Mitteleuropäer im afrikanischen Busch oder auf Inseln im Chinesischen Meer überleben können?

Pessimisten, die davon ausgingen, dass Hitler schließlich ganz Europa überrollen werde, hatten schon bald nach 1933 um eine Einreisegenehmigung in die Vereinigten Staaten angesucht.

Die USA hatten allerdings bereits 1924 ein striktes Quotensystem für Einwanderer eingeführt: Nur 27 000 Visa pro Jahr wurden für Deutschland und Österreich vergeben. Allein in Deutschland suchten 1938 zehnmal so viele Menschen um eine US-Einreisegenehmigung an. Insgesamt nahmen die Vereinigten Staaten zwischen 1933 und 1945 rund 300 000 Flüchtlinge aus Europa auf.

Nur zum Vergleich: Deutschland hatte allein 2015 den Zustrom von mehr als 800 000 Flüchtlingen zu bewältigen.

Für ausreichend prominente Wissenschaftler und Künstler galt die strenge US-Quote übrigens nicht: Mit großzügiger Visavergabe an Zelebritäten wollte die amerikanische Regierung einerseits den Wandlungsprozess vom reinen „Business country" hin zur modernen Kulturnation befördern und andererseits der zum Sprung an die Weltspitze ansetzenden Industrie die nötigen Experten zuführen. Humanitäre Gedanken waren keine Kategorie der offiziellen US-Flüchtlingspolitik.

Auch heute zeigen sich die USA keineswegs großzügig – und das war schon vor der Amtsübernahme durch Donald Trump so. Am Höhepunkt der Flüchtlingswelle aus Nahost, im Spätsommer 2015, versprach Präsident Barack Obama 10 000 Plätze für geflüchtete Syrer innerhalb des nächsten Fiskaljahres zu schaffen (es beginnt in den USA im Oktober). Tatsächlich nahmen die Vereinigten Staaten nur 2000 Syrer auf. Mit „You help ISIS!"-Tafeln protestierten Arbeiter in Pennsylvania gegen die Behörden, als einige Flüchtlingsfamilien aus dem Mittleren Osten in ihrem County angesiedelt werden sollten.

Sind es heute Ängste vor dem Islam, waren es damals latenter oder nicht selten offener Antisemitismus, der die Aktivisten befeuerte.

Im Juli 1938 veröffentlichte das amerikanische „Fortune"-Magazin eine Umfrage, wonach trotz des nationalsozialistischen Terrors nur fünf Prozent der US-Bürger bereit waren, die strengen Einwanderungsquoten für Flüchtlinge aus Nazi-Deutschland aufzuweichen. 18 Prozent waren für Zuwanderung unter Beibehaltung der Quoten, aber 68 Prozent stimmten dem Satz zu: „Wir sollten sie mit allen Mitteln von unseren Grenzen fernhalten."

Die Stimmung in den USA

Umfrage von April 1939

Sollten die USA mehr Flüchtlinge aus Europa aufnehmen, die vor dem Nationalsozialismus fliehen?

(nach Religions-Zugehörigkeit)

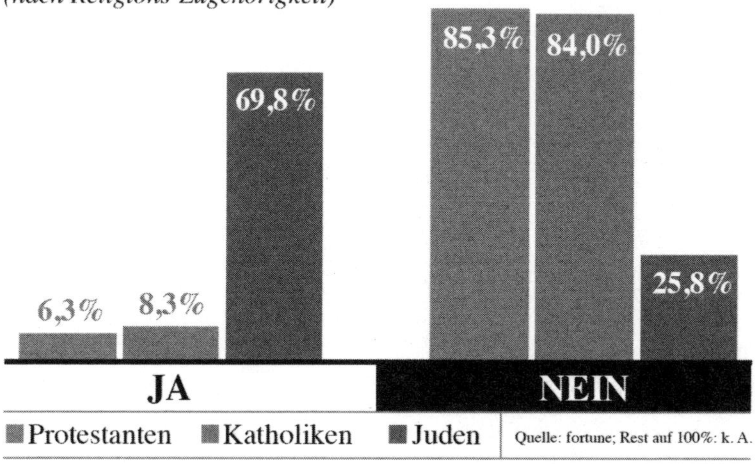

Deutlicher wurden die Verhältnisse bei einer ebenfalls in den USA im April 1939 durchgeführten Umfrage. Dabei wurde unter anderem folgende Frage gestellt: „Wären Sie Abgeordneter: Würden Sie dann ein Gesetz beschließen, das die Tore für europäische Flüchtlinge weiter öffnet?“ Das Ergebnis wurde auf Religionszugehörigkeit heruntergebrochen. Demnach bejahten 70 Prozent der befragten Juden, aber nur sechs Prozent der Protestanten und acht Prozent der Katholiken diese Frage.

Die zitierten Umfragen aus den Jahren 1938 und 1939 wurden übrigens 2016 von der „Washington Post“ ausgegraben, als in den USA eine Debatte über die Aufnahme syrischer Flüchtlinge aufflammte. In derselben Umfrage unter US-Bürgern wurde im April 1939 auch

USA 1939: Kein Herz für Kinder

Umfrage des Fortune Magazins

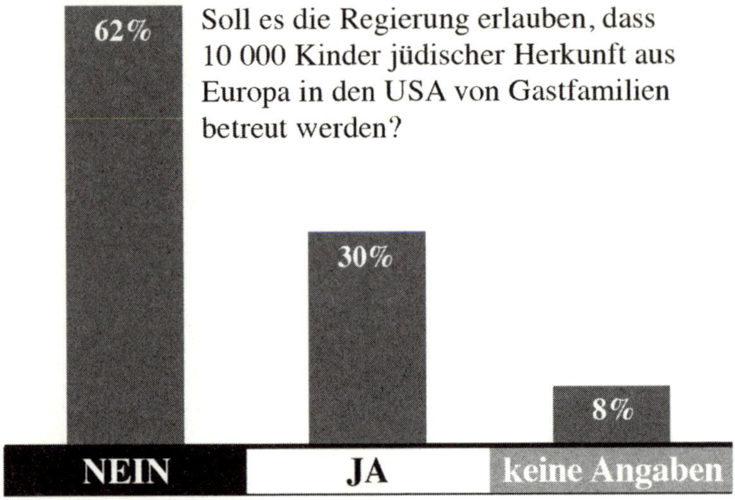

die Meinung zum damals diskutierten Plan abgefragt, 10 000 Kinder aus dem Machtbereich der Nazis - die meisten davon jüdischer Herkunft - in die USA zu bringen und sie hier von Gastfamilien betreuen zu lassen. 62 Prozent der Befragten meinten, die Regierung dürfe dies keinesfalls zulassen. Nur 30 Prozent waren eindeutig dafür, diese Kinder zu holen.

Das Meinungsklima im Land hatte dramatische Folgen, weil selbst der demokratische Präsident Franklin D. Roosevelt nicht mehr Großzügigkeit bei der Flüchtlingsaufnahme wagte, schon gar nicht ein Jahr vor der Präsidentenwahl, bei der er wieder antreten wollte. Im Gegenteil: Bei einer Pressekonferenz wiederholte Roosevelt die Behauptungen seiner Berater, jüdische Flüchtlinge seien von den Nazis zur Spionage gegen die USA gezwungen worden: *„Sie sind keine freiwilligen Spione, aber in einigen anderen Ländern, in denen Flüchtlinge aus Deutschland aufgenommen wurden, besonders jüdische Flüchtlin-*

ge, wurde eine ganze Anzahl von ihnen der Spionage überführt", so der Präsident.

Die amerikanische Historikerin Deborah Lipstadt, die 1986 in ihrem Buch „Beyond Believe" den Angaben Roosevelts nachging, fand keinen einzigen Fall von erzwungener Spionage. Aber schon damals genügte es, wenn der Präsident behauptete, im Namen der „nationalen Sicherheit" zu handeln.

Am 13. Mai 1939, wenige Wochen nach Roosevelts Pressekonferenz, legte der Transatlantik-Liner „St. Louis" in Hamburg mit Zielhafen Havanna ab. Die „St. Louis" hatte 937 großteils deutsche Juden an Bord, die im Besitz kubanischer Visa waren. Die Fahrt über den Atlantik verlief ruhig, die Frühlingssonne schien auf das Oberdeck. Als der Hafen von Havanna bereits in Sicht war, kamen Polizisten an Bord und überprüften die Visa. Wie sich rasch herausstellte, waren nur 28 Papiere in Ordnung, alle anderen waren ungültig. Ein kubanischer Botschaftsmitarbeiter hatte den Verzweifelten gefälschte Dokumente verkauft und in die eigene Tasche gewirtschaftet. Nur die Besitzer der 28 korrekten Visa durften an Land.

Die „St. Louis" nahm nun Kurs auf Florida. Der deutsche Kapitän Gustav Schröder kabelte an Präsident Roosevelt und bat um Erlaubnis, mit den Flüchtlingen in Miami einlaufen zu dürfen. Er erhielt keine Antwort. Auch Kanada wollte die Passagiere der „St. Louis" nicht aufnehmen. In Deutschland hatte die Nazi-Propaganda Wind von den Zurückweisungen bekommen und schlachtete sie hemmungslos aus: Seht her, niemand will diese Juden haben, lautete die Botschaft.

Die „St. Louis" fuhr zurück nach Europa. Die Lebensmittel waren zur Neige gegangen. An Bord gründeten die verzweifelten Passagiere ein Komitee, das für den Fall der Rückkehr nach Deutschland einen Massenselbstmord ankündigte.

Kapitän Schröder erwog daraufhin, das Schiff vor der englischen Küste in flachem Wasser auf Grund zu setzen. In letzter Minute erklärten sich Großbritannien, die Niederlande, Belgien und Frankreich nach Vermittlung jüdischer Hilfsorganisationen bereit, die noch etwa 900 Passagiere unter sich aufzuteilen. In Antwerpen durften sie von Bord gehen.

Als die Wehrmacht ein Jahr später, im Mai 1940, Westeuropa überrannte, wurden 254 ehemalige „St. Louis"-Passagiere von SS und Gestapo festgenommen. Fast alle starben in Vernichtungslagern. Die amerikanische Regierung entschuldigte sich erst 2012 bei den Überlebenden.

Glück hatte, wer in den USA jemanden kannte oder auf Verwandte bauen konnte, die schon dort lebten, wie etwa der Wiener Komponist und Kabarettstar Hermann Leopoldi (1888–1959). Leopoldi war bereits ein Publikumsliebling, als er im März 1938 nach dem Anschluss Österreichs an Nazi-Deutschland mit dem ersten Transport ins KZ Dachau und wenig später nach Buchenwald deportiert wurde. Er hatte Wiener Gassenhauer wie „Schön ist so ein Ringlspiel", „I bin a stiller Zecher", „In einem kleinen Café in Hernals", und „Schnucki, ach Schnucki" geschrieben. Im Februar 1939 gelang es seinen Schwiegereltern, ihn freizukaufen – wegen seiner Popularität war dieser KZ-Häftling der ersten Stunde den Nazis ohnehin unangenehm. Leopoldis Schwiegereltern besaßen bereits seit Jahren ein gutgehendes Geschirrgeschäft in New York und hatten seine Frau und seine Tochter sofort nach seiner Verhaftung im März 1938 in die USA geholt.

Die Schweiz nahm in der Zeit der NS-Herrschaft rund 25 000 jüdische Flüchtlinge auf, aber mindestens ebenso viele wurden an den Grenzen abgewiesen, nachdem man das Land im August 1942 endgültig dichtgemacht hatte. Die Zurückgeschickten wurden damit dem nahezu sicheren Tod überantwortet. Als die Schweiz damit begann, ihre Grenzen für jüdische Flüchtlinge zu schließen, rollten gerade die ersten Züge in Richtung des Vernichtungslagers Auschwitz-Birkenau.

1970 setzte die Schweizer Bundesregierung eine unabhängige Untersuchungskommission ein, die das Verhalten der Eidgenossenschaft während der Weltkriegs-Jahre durchleuchten sollte. Die Kommission stellte ein eher mildes Zeugnis aus, kam aber dennoch zum Schluss: *„Der in jedem Bürger steckende Egoist und latente Antisemit ließ ihn die Augen vor der Unmenschlichkeit gewisser Aspekte der behördlichen Asylpolitik verschließen."*

Freilich: Die Schweiz hatte selbst nur vier Millionen Einwohner und war durch die politische Lage in ihren Nachbarstaaten Italien und Frankreich gezwungen, auch noch andere Migrationsströme zu bewältigen.

Das vom Krieg ebenfalls verschonte Schweden rettete 1943 zwar 7500 dänische Juden vor dem Transport in ein Konzentrationslager, insgesamt war die schwedische Flüchtlingspolitik aber restriktiv: Jude in Deutschland oder Österreich zu sein galt im sozialdemokratisch regierten Schweden nicht als Fluchtgrund.

Der spätere Bundeskanzler Bruno Kreisky, damals 27, bekam im September 1938 selbst nach mehrmonatiger Gestapo-Haft in Wien sein Visum für Schweden nur deshalb, weil sich der schwedische Jungsozialisten-Chef Torsten Nilsson für ihn einsetzte. Er kannte Kreisky von Treffen der Sozialistischen Jugendinternationale. In seinen Memoiren beschreibt der ehemalige Bundeskanzler, der normalerweise nicht zu Sentimentalität neigte, die Gefühle eines Emigranten beim Verlassen seines Heimatlandes fast ein halbes Jahrhundert nach seiner eigenen Flucht so: *„Man kann sich die Unsicherheit dieser Lage nur schwer vorstellen. Den wenigsten gelingt es, sich in das Denken derer hineinzuversetzen, deren Zukunft so viele Unbekannte enthielt. Der Versuch, meine Gefühle an dieser Stelle vermitteln zu wollen, wäre von vornherein zum Scheitern verurteilt."*

20 Jahre nach Kreiskys Flucht waren Torsten Nilsson und sein ehemaliger Schützling gleichzeitig Außenminister ihres Landes.

Kreisky selbst verhalf schon wenige Monate nach seiner Ankunft in Schweden einem Freund und Genossen in die Freiheit, den er von den Gruppenabenden bei der Sozialistischen Arbeiterjugend (SAJ) kannte. Otto Binder, Jahrgang 1910, war Obmann der SAJ Wien – Innere Stadt gewesen und hatte nach 1934 im Untergrund gegen den Ständestaat agiert. Die Nazis hatten den jungen Versicherungsangestellten sofort nach dem Anschluss verhaftet und zuerst nach Dachau und dann ins KZ Buchenwald gebracht. Einem internationalen Hilfskomitee der Sozialdemokraten mit Sitz in Paris, dem sogenannten „Matteotti-Komitee", gelang es, den Nazis mehrere inhaftierte Sozialdemokraten „abzukaufen", unter ihnen Otto

Binder. Das Komitee trug den Namen des 1924 von Faschisten ermordeten Generalsekretärs der italienischen Sozialisten, Giacomo Matteotti. Sein Organisator war Karl Hans Sailer, bis 1934 Redakteur der in diesem Jahr verbotenen „Arbeiter Zeitung" und danach, bis zu seiner Verhaftung durch die Ständestaat-Polizei, Chef der illegalen Sozialisten.

Bruno Kreisky, schon in Stockholm, organisierte für Binder im Mai 1939 ein Schweden-Visum. Vier Jahre später wurde Otto Binder und seiner Frau Anni eine Tochter geboren. Sie nannten sie Margit, weil das auch im Schwedischen gebräuchlich war und die Binders 1943 nicht damit rechneten, jemals wieder nach Österreich zurückkehren zu können. Margits jüngerer Bruder wurde Lennart genannt. 1949 gingen die Binders dann doch zurück nach Wien. Margit heiratete später den damaligen Parlamentssekretär Heinz Fischer.

Kurz vor Kriegsende verhandelte der schwedische Graf Folke Bernadotte SS-Chef Heinrich Himmler noch 19 000 KZ-Häftlinge ab, die meisten davon Skandinavier. Himmler wollte sich auf diese Weise für den bevorstehenden Zusammenbruch wappnen und – so die lächerliche Illusion – als „gemäßigter" NS-Bonze Verhandlungspartner für Amerikaner oder Briten werden.

Großbritannien beherbergte zwar rund 65 000 jüdische Emigranten, wollte aber als Mandatsmacht in Palästina dort keine Zuwanderer zulassen, um den Konflikt mit den Arabern nicht noch weiter eskalieren zu lassen. Dennoch gelang es zwischen 1938 und 1942 rund 40 000 Juden aus von den Nazis besetzten Ländern Europas, in Palästina einzureisen.

In England selbst fand sozialdemokratische Prominenz aus Österreich wie der Chefredakteur der „Arbeiter Zeitung", Oscar Pollak, und der spätere SPÖ-„Chefideologe" Karl Czernetz Zuflucht. Auch der nachmalige SPD-Vorsitzende Erich Ollenhauer floh nach Großbritannien. Elias und Veza Canetti lebten ab 1938 ebenso dort wie Erich Fried, zeitweise Stefan Zweig und natürlich Sigmund Freud. Der Architekt Walter Gropius, zweiter Mann von Alma Mahler, lehrte ab 1937 in Cambridge, Oskar Kokoschka heiratete seine Frau Olga in einem Londoner Luftschutzkeller.

Als zwischen März 1938 und März 1939 sowohl Österreich als auch Tschechien von Nazi-Deutschland besetzt wurden, waren zwei wichtige Zufluchtsorte für Juden aus Deutschland nicht mehr verfügbar. Die Situation verschärfte sich noch: Nun machten sich auch aus diesen Ländern Flüchtlinge auf den Weg. Als Fluchtpunkt blieb nur noch Europas Westen. Wer es nicht nach Großbritannien schaffte oder eines der raren Visa für die USA ergattert hatte, versuchte in den Niederlanden, in Belgien, vor allem aber in Frankreich unterzuschlüpfen. Am Tag, an dem die „Schleswig Holstein" vor Danzig die ersten Schüsse dieses Weltkriegs abfeuerte, lebten rund 60 000 jüdische Flüchtlinge in Westeuropa, legal oder illegal, die meisten von ihnen in Paris oder in den Vororten der Hauptstadt. Dazu kamen noch die politisch Verfolgten und die missliebigen Journalisten, die das NS-Regime mit besonderer Wut verfolgte.

Viele der Menschen, die durch Flucht der Entehrung, Erniedrigung und dem Tod zu entkommen versuchten, waren Nobelpreisträger, gefeierte Schauspieler, namhafte Komponisten, weltbekannte Schriftsteller oder prominente Politiker der europäischen Linken.

Selbst wenn sie keine Juden waren, wurde ihnen nach den Bücherverbrennungen vom 15. Mai 1933 klar, dass sie nicht mehr länger in Deutschland bleiben konnten. Alle Autoren, die davon betroffen waren, verließen spätestens jetzt jenes Land, dessen Propagandaminister Joseph Goebbels die „Kulturpolitik" des Regimes so definierte: *„Die deutsche Kunst des nächsten Jahrzehnts wird heroisch, sie wird stählern romantisch, sentimentalitätslos sachlich, sie wird national mit großem Pathos und gleichfalls verpflichtend und bindend sein, oder sie wird nicht sein."*

Aber auch in Frankreich, wo viele nun ein neues Leben suchten, war die Stimmung längst gekippt. Die durch die Weltwirtschaftskrise immer dramatischere Situation auf dem Arbeitsmarkt, eine gegen die Flüchtlinge hetzende Boulevardpresse und von Populisten geschürte Ängste, die den Unterschied zwischen den Nazis und den vor ihnen geflohenen Juden vermischten, hatten wesentlich dazu beigetragen.

An eben diesem 1. September 1939, an dem vor Danzig die ersten Kanonensalven des neuen Kriegs donnern, geht der 57-jährige

Schriftsteller Stefan Zweig mit der 31-jährigen Lotte Altmann in der südenglischen Stadt Bath zum Standesamt, um sich für eine Verehelichung anzumelden. Der gebürtige Wiener Zweig, bereits ein Autor von Weltrang, hat Österreich schon 1934 verlassen, weil der austrofaschistische Ständestaat sein Haus am Salzburger Kapuzinerberg nach Waffen durchsuchen ließ. Die Nazis hatten wenige Monate zuvor in Deutschland seine Bücher verbrannt. In einer solchen Welt konnte Zweig weder leben noch arbeiten.

Von seiner Frau Friederike ist Stefan Zweig inzwischen geschieden. An diesem 1. September 1939 will er im südenglischen Bath seine ehemalige Sekretärin Lotte heiraten, mit der er schon ein Verhältnis hatte, als er noch verheiratet war.

Der Mann hinter dem Schalter am Standesamt hatte gerade begonnen, die Daten aufzunehmen, als das Entsetzliche eintrat, das erwartet werden musste. Zweig schreibt über diesen Moment in seinen Erinnerungen „Die Welt von gestern“: *„In diesem Augenblick – es muß etwa elf Uhr gewesen sein – wurde die Tür des Nebenzimmers aufgerissen. Ein junger Beamter stürmte herein und zog sich im Gehen den Rock an. ‚Die Deutschen sind in Polen eingefallen. Das ist der Krieg!‘, rief er laut in den stillen Raum. Das Wort fiel mir wie ein Hammerschlag ans Herz.“*

Paris, 3. September 1939

DER SCHLAFENDE KRIEG

Es ist ein strahlender Spätsommertag in der französischen Hauptstadt. Das Thermometer zeigt am frühen Nachmittag 27 Grad Celsius an. In einer kleinen Wohnung im 16. Arrondissement von Paris sitzt der Wiener Feuilletonist und Schriftsteller Alfred Polgar und schreibt: *„In Paris die Stimmung des ‚drôle de guerre'. Schlafender Krieg, niemand weiß, wann er erwachen wird."* Frankreich und Deutschland befinden sich seit heute, zwei Tage nach den Kanonenschüssen von Danzig, im Kriegszustand. Geschossen wird noch nicht. Aber die Deutschen werden kommen, das weiß Polgar. Und dann müssen seine Frau Lisl und er rasch weg von hier und wieder einen neuen Zufluchtsort suchen.

Polgar ist 66. Als junger Literat saß er in den 1890er-Jahren im Wiener Kaffeehaus „Griensteidl" am Michaelerplatz am Tisch der noch nicht ganz Arrivierten: Bei Karl Kraus, Peter Altenberg, Arnold Schönberg, Adolf Loos, Alexander von Zemlinsky. Daneben, am Tisch der „Großen", nahmen Hermann Bahr, Arthur Schnitzler, Polgars ehemaliger Schulkollege Hugo von Hofmannsthal und manchmal auch Felix Salten Platz.

Schnitzler scheint sich unter den Augen der Jungen nicht recht wohlgefühlt zu haben. Am 18. Oktober 1896 notierte er in sein Tagebuch: *„Im Kaffeehaus Altenberg und seine Gemeinde, von der wir, besonders ich, unsäglich gehaßt werden."* Ein Jahr später wurde das alte „Griensteidl" am Michaelerplatz gesperrt und man übersiedelte ein paar Häuser weiter in die Herrengasse, ins „Café Central".

Polgar ist ein Meister der „kleinen Form", der Aphorismen, der Glossen, des Feuilletons. Im Jänner 1918, noch während des Weltkriegs, leitete er eine Zeitschrift mit dem programmatischen Titel

Feuilletonist Alfred Polgar Seine Freundin Marlene Dietrich unterstützte den Wiener finanziell.

„Der Friede" – Mitarbeiter waren neben anderen Anton Kuh, Joseph Roth und Ferdinand Bruckner –, in der er mutig mit den verlogenen Heldensagen der Kriegspropaganda aufräumte: „*‚Sie starben, auf daß kommende Geschlechter schön und gut leben können', heißt es. Aber das ist eine verfluchte Lüge. Sie starben überhaupt nicht ‚auf daß'. Sie starben, weil man sie nicht leben ließ.*"

Als der Deutschnationale Max von Millenkovich, ab 1917 Direktor des Wiener Burgtheaters, im Haus am Ring sein „christlich germanisches Schönheitsideal" pflegte, zerpflückte ihn Polgar in bissigen Rezensionen. Millenkovich wurde später Mitarbeiter des NS-Organs „Völkischer Beobachter".

Gemeinsam mit seinem Freund Egon Friedell gab Polgar das satirische „Böse Buben Journal" heraus. Für das „Prager Tagblatt" schrieb er Theaterkritiken. Vom Sinn der eben gegründeten Salzburger Festspiele war er im August 1922 nicht überzeugt: „*Festspiele im Land der krepierenden Wirtschaft sind so was Ungeschickt-Törichtes, wie es eine Gemäldeausstellung in einem Blindenasyl wäre.“*

Wirtschaftlich kam Alfred Polgar, dieser treffliche Formulierer, immer nur knapp über die Runden. Zeitweise lebte er in Berlin, wo ihn eine Freundin, die aufstrebende Schauspielerin Marlene Dietrich, finanziell unterstützte. Sie war 1930 durch die Verfilmung des Romans „Professor Unrat“ von Heinrich Mann durch Josef von Sternberg zu einigem Geld bekommen. „Der blaue Engel“ hieß der Film – bis heute ein Klassier des Zelluloids.

Marlene Dietrich schätzte Polgars Feuilletons und Kritiken. Die beiden hatten sich 1927 in Wien kennengelernt, als die 25-jährige Marlene Dietrich in den Kammerspielen in der Rotenturmstraße an der Seite von Peter Lorre das Revuegirl Ruby im amerikanischen Bühnen-Reißer „Broadway“ spielte. Polgar, damals 54, gefiel die Dietrich ausnehmend gut. „Er hat sich auf Anhieb in sie verliebt“, urteilte der Wiener Journalist Günter Kaindlsdorfer 2015 in einer Reportage für das Deutschlandradio anlässlich der Erstveröffentlichung eines erst postum aufgefundenen Polgar-Manuskripts, aus dem eine Dietrich-Biografie hätte werden sollen.

Polgar selbst beschrieb seine Aufwallungen für Marlene 1927, kurz nach der Kammerspiele-Premiere, so: *„Es ist ein Etwas über aller Schönheit, Anmut und Begabung, das eine Frau wie Marlene Dietrich so anziehend macht, ein beunruhigender, nicht restlos in die Kategorie ‚ästhetisch‘ einzuordnender Reiz, dem sich völlig zu entziehen auch dem Widerspenstigen kaum gelingt.“*

1933 übernahm Hitler in Deutschland die Macht, Polgars Texte waren unter jenen, die unter den wüsten Gesängen der Hitler-Jugend auf den Scheiterhaufen der Bücherverbrenner in Flammen aufgingen. Der Autor war zum Zeitpunkt des ersten Autodafés in Berlin und floh sofort nach Prag und dann zurück ins heimatliche Wien. Dort zog er in das Haus Stallburggasse 2 hinter der Wiener Hofburg, in dem auch der christlich-soziale Putsch-Kanzler Engelbert Dollfuß wohnte. Später, im amerikanischen Exil, wird Polgar über seinen Wohnungsnachbarn schreiben: *„Im Februar 1934 brach er mit Kanonen, Kerkern und Galgen den Widerstand der österreichischen*

Arbeiter, beseitigte so das wirksamste Antitoxin gegen das Nazi-Gift, von dem sein unbegreiflicher ‚christlich-deutscher Bundesstaat auf koperativer Basis' damals schon kräftig infiziert war."

Zu seinem 62. Geburtstag im Oktober 1935 (Polgar gibt ihn eitel als seinen 60. Geburtstag aus) schrieb ihm der um 20 Jahre jüngere Joseph Roth, der sich gern Polgars „Schüler" nannte: „*Die sprachliche Behutsamkeit habe ich von ihm gelernt. Ich gestehe, daß ich versucht habe, sie ihm abzulauschen, in diesen jämmerlichen Tagen, in denen Barbaren und Stotterer die deutsche Sprache mißhandeln, wird das Werk Polgars bedeutender, als es jemals in ruhigen Zeiten erschienen wäre.*"

Der Festtag habe ihm „*viele gute Worte und gar kein Geld gebracht*", jammerte der finanziell stets klamme Polgar nach den Geburtstagsfeierlichkeiten.

Am 6. März 1938, eine Woche vor der von Bundeskanzler Kurt Schuschnigg geplanten Volksabstimmung über die Eigenständigkeit Österreichs, veranstaltete das Theater in der Josefstadt eine patriotische Lesung aus Werken von Stefan Zweig, Franz Werfel, Hermann Broch und Alfred Polgar. Zweig und Werfel waren schon außer Landes, Broch wurde wenige Tage später von der Gestapo verhaftet.

Alfred und Lisl Polgar nahmen an diesem 6. März 1938 den Nachtzug nach Zürich. Ohne Retour-Fahrkarte.

Jetzt, in diesem Kriegs-September des Jahres 1939, sitzen sie also in einer Zwei-Zimmer-Wohnung im 16. Pariser Bezirk und Polgar lebt von kleinen Beiträgen in Emigrantenzeitungen und von Werbetexten für Schweizer Zigarettenfirmen. „*Mir ist oft verteufelt einsam und verloren zu Mute*", schreibt er an Freunde.

Marlene Dietrich, sie ist schon in den USA, hat ihm einen Scheck über 500 Dollar geschickt (fast 10 000 Euro nach Kaufkraft 2017).

Heinrich Schnitzler, der Sohn des 1931 verstorbenen Arthur Schnitzler, ist ein Freund Polgars, er lebt in diesem September 1939 ebenfalls bereits in den USA. Schnitzler hat eine dramatische Flucht hinter sich. Im März 1938 hielt sich der Regisseur und Drehbuchautor mit seiner Frau in Brüssel auf. Ihr gemeinsamer Sohn Peter, gerade ein Jahr alt, war noch in Gewahrsam eines Kindermädchens in Wien. Nur nach riskanten Manövern und mit gefälschten Papieren konnte Peter Schnitzler nach Brüssel gebracht werden.

Heinrich Schnitzlers Mutter Olga wohnte noch in der Familienvilla in der Währinger Sternwartestraße – bis heute eine noble Wiener Adresse. Aber es war abzusehen, dass das nicht mehr lange gutging. Richard Beer-Hofmann, der Nachbar, Freund und Schriftstellerkollege Arthur Schnitzlers, wurde schon bald nach dem Anschluss von einer Nazi-Horde ausgeraubt. Als glücklicher Besitzer eines Visums reiste der 72-jährige Beer-Hofmann bald darauf, im Sommer 1939 über die Schweiz in die Vereinigten Staaten aus. Seine Frau starb, als sie in Zürich Station machten.

Am 21. März 1938, eine Woche nach Hitlers Einmarsch, überschrieb Olga Schnitzler den gesamten Nachlass ihres verstorbenen Mannes, dieses Literaturgiganten, an die Universität Cambridge. Das Haus wurde daraufhin sofort von der britischen Botschaft versiegelt. Wenige Tage später wurden Arthur Schnitzlers Manuskripte und Aufzeichnungen nach England abtransportiert und auf diese Weise vor der Zerstörung gerettet.

An Heinrich Schnitzler schreibt Polgar in diesem September 1939: *„Wie lange hier in Frankreich die Juden noch in Freiheit und im Vollbesitz ihrer Menschenrechte werden verhungern dürfen, hängt von Hitler ab."* Und er berichtet seinem Freund von der kleinen „Wiener Bar" in Paris, in der die ebenfalls aus Wien geflohenen Kabarettisten Oskar Karlweis und Karl Farkas auftreten, um ein wenig Geld zu verdienen. *„Sie können sich den makabren Eindruck solcher wienerischer Vergnügungsstätte heutigentags kaum vorstellen. Dort zu sitzen, indes in Wien gemartert und gefoltert wird, mit vollem Schmalz ‚Wien, Wien nur du allein …' vorgetragen zu bekommen – es ist um die Seele aus dem Leib zu kotzen."*

Polgar ist nicht glücklich. *„Ich lebe überall ein bisserl ungern"*, schrieb er einmal.

Seinen in der Schweiz lebenden Verleger Carl Seelig, der ihn vorsichtig zu Einsparungen auffordert, lässt Polgar wissen, die einzige noch mögliche Sparmaßnahme sei die Übersiedelung in eine Ein-Zimmer-Wohnung: *„Das wäre für beide Teile ein Martyrium, das ich ganz gewiß nicht lange durchstehen würde."*

Einmal, es ist eine angenehme Abwechslung, kommt der amerikanische Schriftsteller Thornton Wilder bei den Polgars vorbei und bringt gute Nachrichten: Nach Interventionen von Thomas Mann und Albert Einstein bei der US-Regierung – beide leben bereits in den USA – habe Hermann Broch ein Visum für die Vereinigten Staaten erhalten, die Wiener Gestapo habe ihn daraufhin freigelassen. Broch sei nun schon in New York und setze die Arbeit am großen Vergil-Roman fort.

Polgar und Broch sind gute Freunde. Beide wurden am Ufer des Wiener Donaukanals geboren, Polgar auf der Leopoldstädter Seite, Broch am Franz-Josephs-Kai, als junge Literaten hatten sie gemeinsam die Kaffeehäuser durchkämmt.

Polgars Freund und „Schüler" Joseph Roth stirbt wenige Monate vor Kriegsbeginn in Paris an seiner Alkoholkrankheit. Er war nach einem kurzen Aufenthalt im südfranzösischen Künstlerexil Sanary-sur-Mer schon 1933 in die Hauptstadt gekommen. 1936 lud ihn sein Förderer Stefan Zweig ins belgische Ostende ein. Zweig, damals schon ein Star, hatte seine Villa am Salzburger Kapuzinerberg, das Paschinger Schlössl, nach einer erniedrigenden Hausdurchsuchung durch die Austrofaschisten 1934 verlassen. Bei Zweig in Ostende lernte Roth die Schriftstellerin Irmgard Keun kennen, die wenig später mit ihm nach Paris zog.

Roth scheint ein schwieriger Partner gewesen zu sein, glaubt man Irmgard Keun: *„Nicht einmal austreten konnte ich, ohne daß er unruhig wurde, so hatte er seine Finger in meinem Haar verkrallt, wenn ich aufwachte. Durch seine wahnsinnige Eifersucht fühlte ich mich immer mehr in die Enge getrieben. In Paris verließ ich ihn mit einem tiefen Seufzer der Erleichterung und ging mit einem französischen Marineoffizier nach Nizza."* Irmgard Keun überlebte die NS-Zeit mit falschen Papieren in Berlin.

Der alkoholkranke Roth verfiel. 1937 musste er aus seinem wegen Baufälligkeit schließenden Hotel ausziehen und wohnte danach in einem kleinen Zimmer hinter seinem Stammlokal. Im April 1937 schrieb er einen verzweifelten Brief an seinen mittlerweile in London lebenden Mentor Stefan Zweig: *„Lieber Freund! Ich bin ganz verlas-*

sen. Auch Sie kommen nicht. Ich kann Ihnen nachfühlen, daß Sie einen Menschen in der höchsten Détresse (franz. Hilflosigkeit) *nicht sehen wollen. Ich schreibe jeden Tag nur, um mich zu verlieren, in erfundenen Schicksalen. Sehen Sie denn nicht, Sie Mensch, Freund, Bruder, daß ich binnen Kurzem krepiere?"*

Zweig antwortete ihm umgehend: *„Lieber Roth! Warum sind Sie gleich gekränkt? Nein, Roth, nicht hart werden an der Härte der Zeit. Nicht kämpferisch werden, nicht unerbittlich, weil dann die Unerbittlichen durch ihre Brutalität triumphieren. Werden Sie nicht bitter, Roth, wir brauchen Sie, denn die Zeit, soviel Blut sie auch säuft, ist doch sehr anämisch an geistiger Kraft. Erhalten Sie sich! Und bleiben wir beisammen, wir wenige!"*

Ehedem ein Sozialist, hatte sich Joseph Roth im Exil nostalgisch zum Legitimisten gewandelt und erkannte nun uneingeschränkt die Herrscherrechte der Habsburger an. Im Vorwort zu seinem 1932 erschienenen Roman „Radetzkymarsch" hatte er den Lesern erstmals seine aufkeimende Liebe zur untergegangenen Monarchie dargestellt: *„Ein grausamer Wille der Geschichte hat mein altes Vaterland, die österreich-ungarische Monarchie, zertrümmert. Ich habe es geliebt, dieses Vaterland, das mir erlaubte, ein Patriot und ein Weltbürger zugleich zu sein, ein Österreicher und ein Deutscher unter allen österreichischen Völkern. Ich habe die Tugenden und die Vorzüge dieses Vaterlands geliebt, und ich liebe heute, da es verstorben und verloren ist, auch noch seine Fehler und Schwächen. Deren hatte es viele. Es hat sie durch seinen Tod gebüßt."*

In Paris entwickelte Roth sogar den absurden Plan, den ebenfalls in der Stadt weilenden Otto Habsburg-Lothringen in einem Sarg nach Wien zu schmuggeln, der sollte sich dort an die Spitze des fast schon verlorenen Österreichs setzen. So ließe sich die Machtübernahme durch die Nationalsozialisten noch verhindern, glaubte Roth.

Im Februar 1938, drei Wochen vor dem „Anschluss", reiste Joseph Roth ein letztes Mal nach Wien. Auf Wunsch Otto Habsburgs sollte er Bundeskanzler Kurt Schuschnigg treffen und ihn zum Rücktritt und zur Machtübergabe an ihn, Otto, bewegen.

Roth bekam nicht einmal einen Termin beim Kanzler.

Vor österreichischen Monarchisten las er am Abend aus seinem beinahe fertiggestellten Roman „Die Kapuzinergruft". Dann fuhr er zurück nach Paris. Dort schrieb er nach dem „Anschluss" im März 1938 das letzte Kapitel dieses Buches über den im Krieg entwurzelten Franz Ferdinand Trotta. Der Roman sei eine Fortsetzung von „Radetzkymarsch" und thematisiere „die Verschlingung Österreichs durch Preußen", heißt es im Vorschau-Prospekt des holländischen „De Gemeenschap"-Verlags, der die ersten 3000 Exemplare druckt. Joseph Roth selbst bezeichnet die „Kapuzinergruft" in dem Werbetext als den „aktuellsten Roman dieser Zeit".

Er war in diesem Frühling des Jahres 1938 schon so schwer alkoholkrank, dass sein Arzt Otto Habsburg ersuchte, auf den Schriftsteller einzuwirken, das Trinken aufzugeben. Erfolgslos. Auf Habsburgs „Befehl", ab sofort den Alkohol zu meiden, antwortete Roth mit einem zackigen „Jawohl, Majestät!" und soff weiter.

Im Juni 1938 hielt Joseph Roth am Friedhof Saint Quen die Trauerrede für seinen Freund Ödön von Horváth und war dabei so betrunken, dass er beinahe in die Grube fiel. Horváth war erst zwei Tage zuvor aus Fiume (heute Rijeka) nach Paris gekommen, als er während eines Gewitters am Rande der Champs-Élysées von einem herabstürzenden Ast erschlagen wurde. Er plante, den aus Deutschland nach Paris geflüchteten Regisseur Robert Siodmak zu treffen, der seinen Roman „Jugend ohne Gott" verfilmen wollte.

Joseph Roth wird im Mai 1939 mit doppelseitiger Lungenentzündung ins Armenspital „Hospital Necker" gebracht. Der plötzliche Alkoholentzug schwächt den Suchtkranken zusätzlich, der 45-jährige Roth stirbt vier Tage nach seiner Einlieferung in das Vorstadtkrankenhaus. Bei seinem Begräbnis auf dem Friedhof Cimetière parisien de Thiais singt ein Teil der Trauergäste die „Internationale". Graf Trauttmansdorff legt im Auftrag von Otto Habsburg-Lothringen einen Kranz mit schwarz-gelber Schleife nieder, worauf Roths linke Freunde, angeführt von Egon Erwin Kisch, wütend protestieren.

Habsburg, jetzt 28, hat die vergangenen Jahre in Belgien verbracht und macht sich Hoffnungen, vom „christlichen Ständestaat" nach Österreich zurückgeholt zu werden, vielleicht sogar auf den Thron.

Den Traum von der Restauration des Reiches, das für Jahrhunderte von seiner Familie beherrscht worden war, ist von ihm noch lange nicht ausgeträumt, die monarchische Vision treibt den „Kaiser Ohneland" um den Erdball. Er hat schon in England und in den USA politische Kontakte geknüpft und ungebrochen gehofft, Unterstützung für seine Restaurations-Phantasien zu finden. Erfolgreich waren diese Bemühungen nicht.

Hitler ließ nach dem Anschluss Österreichs an NS-Deutschland gegen Otto Habsburg einen Haftbefehl wegen Hochverrats ausstellen.

Jetzt will Habsburg in Frankreich versuchen, wieder ins Spiel zu kommen. Der Kaisersohn quartiert sich in den Frühlingstagen des Jahres 1939 im „Hotel Cayré" am Boulevard Raspail ein. Otto ist schon in die Pariser Gesellschaft eingeführt, das hatte einige Jahre zuvor sein Onkel Sixtus von Bourbon-Parma erledigt.

Der inzwischen verstorbene Sixtus war in Frankreich eine wichtige Figur gewesen. Als Bruder von Kaiserin Zita, Ottos Mutter, war er Schlüsselfigur einer peinlichen Affäre, die den Ruf von Ottos Vater, Kaiser Karl, ruiniert hatte: der Skandal um die „Sixtus Briefe". In geheimen Briefen an seinen einflussreichen Schwager hatte Karl Frankreich einen Separatfrieden angeboten und Gebiete versprochen, die ihm gar nicht gehörten, darunter Elsass-Lothringen. Frankreich ließ die Sache platzen, der österreichische Kaiser war bei den deutschen Bündnispartnern erledigt.

In Frankreich reichte das Renommee des fünf Jahre zuvor verstorbenen Sixtus jedenfalls aus, um seinem Neffen Otto Habsburg im Juli 1939 einen Termin bei Ministerpräsident Edouard Daladier auf Schloss Chantilly zu ermöglichen. Otto wollte Daladier zur Anerkennung einer österreichischen Exilregierung überreden, welcher der nach fünf Monaten Gestapo-Haft nach Paris geflohene Kanzleramts-Staatssekretär der Regierung Schuschnigg, Hans Rott, vorstehen sollte.

Viele der sozialdemokratischen Exilanten, die sich schon zahlreich in Paris aufhielten, wollten prinzipiell keine österreichische Exilregierung, weil sie die Position vertraten, Hitler könne nur von einer gesamtdeutschen Revolution hinweggefegt werden. Und schon gar nicht wollten sie eine Exilregierung von Habsburgs Gnaden.

Auf die Linie, den Anschluss nach dem Sieg über Nazi-Deutschland nicht rückgängig zu machen, sondern ein sozialistisches Großdeutschland anzustreben, hatte der rote Chefideologe Otto Bauer die sozialdemokratische Exil-Partei vergattert. Nur in einem großen Staat könne der Sozialismus verwirklicht werden, glaubte Bauer, das hätten die gescheiterten Experimente der kurzlebigen Räterepubliken in Bayern und Ungarn in den ersten Jahren nach dem Weltkrieg deutlich gezeigt.

Bauer war nach der Niederlage des sozialdemokratischen Schutzbunds im Februar 1934 nach Brünn geflüchtet, wo die geschlagenen Roten in der Folge ein „Auslandsbüro der österreichischen Sozialdemokraten“ (ALÖS) aufbauten. Im April 1938 – Nazi-Deutschland schickte sich bereits an, die Sudetengebiete zu besetzen – wurden die Aktivitäten des ALÖS nach Paris verlegt. Der britische Historiker Eric Hobsbawm (1917–2012) schreibt in seinen Erinnerungen, Frankreich sei *„zum letzten großen Refugium der europäischen Zivilisation und mit dem Vormarsch des Faschismus zum einzigen noch vorhandenen Hauptquartier der europäischen Linken“* geworden.

Otto Bauer und seine Frau Helene nahmen in einem bescheidenen Hotel in der Rue Turgit am Fuße des Montmartre Quartier. Der 57-jährige Parteitheoretiker, der sich wegen des Versagens der Parteispitze während des gescheiterten Aufstands vom Februar 1934 schwere Vorwürfe machte, mietete ein kleines Büro in der Nähe des Hotels. Dort erlitt Otto Bauer im Juli 1938, drei Monate nach der Ankunft in Paris, einen Herzanfall. Er war sein Leben lang Kettenraucher gewesen, Freunde hatten bei seiner Ankunft in Paris erschrocken konstatiert, wie fahl und gealtert der einst so vitale Denker aussah.

Zwei Tage nach seiner ersten Herzattacke wurde Bauer in der Nacht von Erstickungsanfällen gequält. Als der herbeigerufene Arzt in der Wohnung der Bauers eintraf, war der Denker des Austromarxismus bereits tot. Er starb einsam, fern seiner geliebten Jugendstil-Zentrale in der Rechten Wienzeile 97 im Bezirk Wien-Margareten, wo Partei und „Arbeiter Zeitung“ ihren Sitz hatten (Letztere übrigens bis 1985). Sie war schon von den Nationalsozialisten besetzt.

Bauers Leichnam wurde eingeäschert, die Urne am Friedhof Père Lachaise beigesetzt. Die Trauerrede hielt Léon Blum, Ministerpräsident der ein Jahr zuvor gescheiterten Volksfront-Regierung von Sozialisten und Linksliberalen, die im Parlament von den Kommunisten unterstützt wurde. *„Die Verbannten und Verfemten werden in diesem Land stets eine Freistatt finden – in ihrem Leben und im Tode"*, rief Blum dem prominenten Genossen aus Österreich ins Grab nach. Die Nazis sperrten Blum später ins KZ Buchenwald, das er aber überlebte. Bauers Asche, vorerst neben den Gräbern der Helden der Pariser Commune von 1871 beigesetzt, wurde 1948 nach Wien überführt und am Zentralfriedhof bestattet.

Ironie der Geschichte: Nicht nur die Austromarxisten sind in diesem schicksalsschweren September 1939 in Paris, sondern auch ihre erbitterten Gegner, die Austrofaschisten – beide auf der Flucht vor Hitler.

Neben Hans Rott, einem wichtigen Mitglied der Schuschnigg-Regierung, ist auch Heimwehrführer Ernst Rüdiger Starhemberg in die französische Hauptstadt geflohen. Starhemberg gehörte dem radikalen Flügel des Austrofaschismus an. Sein Hauptaugenmerk galt dem Kampf gegen das „Rote Wien", vor allem gegen dessen sozialdemokratischen Finanzstadtrat Hugo Breitner, der durch eine progressive Wohnbausteuer die gewaltigen Gemeindebauten ermöglicht hatte. Mit der Aussage *„Nur wenn der Kopf dieses Asiaten in den Sand rollt, wird der Sieg unser sein"*, hatte der Heimwehr-Chef im Wahlkampf 1930 Breitner praktisch zum Abschuss freigegeben. Der Finanzstadtrat war gebürtiger Wiener. Mit dem Begriff „Asiate" spielte Starhemberg auf Breitners jüdische Herkunft an.

Schon ab 1936 hatte der Heimwehr-Führer mit den Nazis gekungelt. Nach dem Anschluss sicherheitshalber in die Schweiz übersiedelt, teilte Starhemberg den neuen Machthabern von dort aus anbiedernd mit, er habe doch bereits *„vor der Wiedervereinigung der Ostmark mit dem Reich nur in einem Bündnis mit dem Nationalsozialismus das Heil für Österreich erblickt."* Und man möge doch bitte nicht vergessen, dass er schon 1923 bei Hitlers Marsch auf die Münchener Feldherrenhalle – ein kläglich gescheiterter Operetten-Putsch – mit von der Partie war.

Alle Annäherungsversuche des gewesenen Heimwehr-Fürsten bei den Nazis scheiterten. Bei einer Rückkehr nach Wien drohte ihm die Festnahme.

Jetzt ist Starhemberg in Paris und versucht irgendwo anzudocken. Alfred Polgar, den er ebenfalls kontaktiert, lehnt ein Treffen mit dem ehemaligen Austrofaschisten-Häuptling kategorisch ab. Einen alten Freund findet Starhemberg in Guido Zernatto (ein Großonkel des späteren Kärntner Landeshauptmanns Christof Zernatto), einem Verfasser heimattreuer Lyrik, der ebenfalls in Schuschniggs Regierung gedient hatte. Danach war Zernatto mehrere Jahre lang Generalsekretär der Vaterländischen Front, der lahmen „Massenorganisation" des autoritären Ständestaates. Der Kärntner schaffte es 1940 in die USA, konnte aber dort nie Fuß fassen und erlag 1943 mit 39 Jahren einem Herzinfarkt.

Da war Ernst Rüdiger Starhemberg schon aus anderem Holz geschnitzt: Kurz diente er ab 1940 bei den französischen und nach deren Niederlage bei den britischen Luftstreitkräften. Als die Sowjetunion 1941 überfallen wurde und in der Folge an der Seite der Alliierten in den Krieg eintrat, quittierte der strikte Antikommunist Starhemberg aus Protest den Dienst und wanderte als wohlhabender Lebemann nach Argentinien aus.

Und noch einmal birgt die Geschichte Ironie: 1955 nach Österreich zurückgekehrt, begab sich der herzkranke Starhemberg auf Kur nach Schruns in Vorarlberg. Dort spürte ihn Georg Auer auf, Fotograf des KPÖ-Zentralorgans „Volksstimme". Auer sprang aus einem Gebüsch des Hotelgartens, um dieses heimgekehrte Feindbild der österreichischen Linken abzulichten. Starhemberg, damals 57, hob seinen Stock und versuchte auf Auer einzuschlagen. Dabei erregte er sich derart, dass er zusammenbrach und starb.

Auer, Jahrgang 1922, hatte die NS-Zeit übrigens als Flüchtling in Australien verbracht. Seine Eltern wurden in Theresienstadt ermordet. Er wurde später ein angesehener Motorjournalist bei verschiedenen österreichischen Tageszeitungen.

Abseits der unermüdlichen, freilich folgenlosen Bündnis- und Abgrenzungsmanöver der in Paris festsitzenden Emigranten von Links und Rechts, fristen an diesem 3. September 1939, an dem Frankreich Deutschland infolge des Beistandspaktes mit Polen den Krieg erklärt, auch völlig verarmte Geistesgrößen deutscher Zunge ihr Dasein in der Stadt.

Im 15. Arrondissement, Rue Domblase Nummer 10, wohnt der mittellose und depressive Philosoph und Schriftsteller Walter Benjamin. Benjamin ist 47 und beherrscht wenigstens die Sprache seines Fluchtlandes. Der gebürtige Berliner hat die gefeierten Übersetzungen von Balzac, Baudelaire und Proust besorgt. Er hat sich intensiv mit Kant und der deutschen Romantik beschäftigt und sympathisiert mit der „Kritischen Theorie", der später „Frankfurter Schule" benannten Denkrichtung, die sein Freund Theodor Adorno an maßgeblicher Stelle mitbegründet hat. Adorno war nach den Nürnberger Rassegesetzen nur „Halbjude" und durfte daher noch ein Jahr nach Hitlers Machtübernahme in Frankfurt lehren. Danach ging er für drei Jahre nach Oxford und schließlich 1938 in die USA. In New York war er sogleich in das vom ebenfalls emigrierten Sozialphilosophen Max Horkheimer gegründete „Institute of Social Research" eingetreten. Und auf dieses Institut hofft nun der verzweifelte Walter Benjamin: Bekäme er von dort ein Affidavit, also eine für die Einreise unabdingbare Bürgschaftserklärung, könnte er es ebenfalls in die USA schaffen.

Benjamin ist schon seit 1933 in Paris. Nur dreimal hat er die Stadt in diesen sechs Jahren verlassen, einmal davon für eine Reise nach Kopenhagen, um seinen Freund Bertolt Brecht zu treffen. Benjamin war nicht müßig in dieser Zeit. 1936 etwa schrieb er den auch heute noch hochaktuellen Essay „Das Kunstwerk im Zeitalter seiner technischen Reproduzierbarkeit", eine medientheoretische Analyse über den Verlust der Einmaligkeit von Kunst. Er sah darin aber auch die Möglichkeit einer „emanzipatorischen Politisierung der Massen". Der Artikel wurde in der renommierten „Zeitschrift für Sozialforschung" veröffentlicht, die Max Horkheimer ab 1933 im Verlag „Librairie Felix Alcan" in Paris erscheinen lassen musste – in Nazi-Deutschland war geistige Ware nicht mehr gefragt.

Aber von ein paar Feuilletons – und mögen sie noch so gelungen sein – kann man nicht leben, selbst wenn man so bescheiden lebt wie der Flüchtling Walter Benjamin. Ein wenig Geld bringt immer wieder Hannah Arendt vorbei. Benjamin kennt die 33-jährige politische Philosophin noch aus Deutschland, wo sie bei Martin Heidegger studiert hatte. Arendt und Benjamin dürften sich bei ihren Nachmittagstreffen in Benjamins Wohnung wohl intensiv über ihren ehemaligen Lehrer unterhalten haben. Heidegger war 1933 der NSDAP beigetreten, wurde danach als Belohnung zum Rektor der Universität Freiburg berufen und hatte das „Bekenntnis deutscher Professoren zu Adolf Hitler" unterschrieben. Arendt und Benjamin können es nicht fassen: Heidegger diente einem Regime, das sie beide offenkundig vernichten wollte.

Sein Verrat zerrt auch an den Nerven Benjamins.

Mit Arendt gehört dieser „Philosophe nomade" einem kleinen Freundeskreis an, der sich regelmäßig in einem Café trifft, darunter der Berliner Rechtsanwalt Erich Cohn-Bendit. Sie alle eint ihr Judentum, ihre Angst vor dem Nationalsozialismus und ihre Ablehnung des Kommunismus stalinistischer Prägung. Dass diesem nicht die Zukunft gehören durfte, war ihnen spätestens seit den Mitte der 1930er-Jahre angelaufenen Schauprozessen in Moskau klar, denen fast die gesamte Gründergeneration der Kommunistischen Partei zum Opfer gefallen war.

Am meisten Trost findet der traurige Emigrant Walter Benjamin aber bei der Familie Hessel, die in seiner Nähe wohnt. Die Hessels waren schon 1924 von Berlin nach Paris ausgewandert.

Mit Vater Franz Hessel hatte Benjamin an seinen Übersetzungen der französischen Klassiker gearbeitet. Sohn Stéphane, gerade 22, spricht Benjamin immer wieder Mut zu: Der Krieg werde nicht lange dauern, Hitler werde besiegt werden, so der junge Feuergeist am dritten Tag nach den Kanonensalven von Danzig, die diesem Weltkrieg die Ouvertüre gaben.

Der junge Stéphane wird später in den Widerstand gehen, er wird von der Gestapo gefasst und gefoltert werden und mit knapper Not dem Tod im Vernichtungslager Bergen-Belsen entrinnen. Fast sein ganzes Berufsleben verbringt er nach seiner Befreiung in Menschenrechtsorganisationen. Weltberühmt wird Stéphane Hessel erst 2010, mit 93 Jahren, als sein Buch „Empört Euch!" erscheint. Er rechnet darin drei Jahre vor seinem Tod mit dem Finanzkapitalismus, mit der Behandlung von Minderheiten und Einwanderern, aber auch mit der Siedlungspolitik Israels ab.

An diesem 3. September 1939 kann auch Stéphane Hessel den verzweifelten Walter Benjamin nicht trösten: Er wird mit vielen anderen „feindlichen Ausländern" – sie sind schließlich Deutsche – nach der Kriegserklärung in das Sammellager Le Vernet gebracht.

Auf der anderen Seite des Ärmelkanals besucht in diesen denkwürdigen Spätsommertagen des Jahres 1939 der in London lebende Stefan Zweig den nach dem Ende Österreichs in die britische Hauptstadt geflohenen Theoretiker und Praktiker der Psychoanalyse Sigmund Freud in dessen Londoner Wohnung. Zweig schreibt in seinen Erinnerungen „Die Welt von Gestern", er habe *„einen alten und außerdem schwerkranken Mann getroffen. Aber es war kein müder Mann und kein gebeugter. Ich hatte mich im geheimen ein wenig gefürchtet, ihn verbittert oder verstört wiederzufinden nach all den quälenden Stunden [...] und fand ihn freier und sogar glücklicher als je."*

Zweig hat seinen Freund Salvador Dalí mitgebracht, der Freud hoch verehrte. Dalí hatte den Psychoanalytiker schon einmal in Wien aufgesucht.

Der Maler sieht bei seinem Besuch in Freuds Londoner Wohnung, was Stefan Zweig, dem Mann des Wortes, verborgen blieb. Zweig schreibt darüber: *„Während ich mit Freud sprach, zeichnete er eine Skizze. Ich habe sie Freud nie zu zeigen gewagt, denn hellsichtig hatte Dalí schon den Tod in ihm gebildet."*

Mag sein, dass Freud – der starke Raucher litt seit 15 Jahren an Gaumenkrebs – gegenüber dem österreichischen Schriftstellerstar keine Schwächen zeigen wollte. Kurz zuvor hatte der Schwerkranke in einem Brief an Marie Bonaparte, eine seiner berühmten Patientinnen, über die Nebenwirkungen seiner Krebsmedikamente geklagt: *„Die zwei letzten Nächte haben meine Erwartungen wieder grausam zerstört. Das Radium hat wieder etwas aufzufressen begonnen, unter Schmerzen und Vergiftungserscheinungen, und meine Welt ist wieder* *was sie früher war, eine kleine Insel Schmerz, schwimmend auf einem Ozean von Indifferenz.*"

Wenige Wochen nach Stefan Zweigs Besuch, am 23. September 1939, lässt sich der 83-jährige Sigmund Freud um drei Uhr morgens von seinem Hausarzt Max Schur eine tödliche Dosis Morphium verabreichen.

Zweig trifft in diesen ersten Tagen des Zweiten Weltkriegs, von seiner Hochzeit in Bath nach London zurückgekehrt, auf Scharen verzweifelter Flüchtlinge. In einem Reisebüro erblickt er einen Industriellen aus Wien, einen berühmten Kunstsammler: *„Ich erkannte ihn zuerst nicht, so grau, alt und müde war er geworden"*, schreibt Zweig in seinem Erinnerungsopus „Die Welt von Gestern". *„Ich fragte ihn, wohin er wolle. ‚Ich weiß es nicht', sagte er, ‚man geht, wohin man einen noch läßt. Jemand hat mir erzählt, daß man vielleicht nach Haiti oder San Domingo ein Visum bekommen kann.' Mir stockte das Herz; ein alter, ausgemüdeter Mann mit Kindern und Enkeln, der zittert vor Hoffnung in ein Land zu ziehen, das er zuvor nie recht auf der Karte gesehen, nur um dort sich weiter durchzubetteln und weiter fremd und zwecklos zu sein."*

Nur drei Jahre später werden Stefan und Lotte Zweig in einer noch entlegeneren Weltgegend selbst daran zerbrechen.

Sanary-sur-Mer, 3. September 1939

IN DER ENKLAVE DER STARS

Frankreich und England sind ab diesem Tag im Kriegszustand mit Deutschland, wenn auch noch nicht geschossen wird.

Angenehmer als in den ärmlichen Flüchtlingsunterkünften der Hauptstadt Paris lebt es sich in diesen Monaten der Entscheidung einige hundert Kilometer weiter südlich, etwa im Küstenstädtchen Sanary-sur-Mer, gelegen zwischen Toulon und Marseille. In Sanary war schon 1907 eine Künstler-Enklave entstanden, als sich der damals gefeierte Dichter André Salmon hier niederließ. Bald folgten Maler, sie liebten das wundersame Licht der Provence. Nach dem Ersten Weltkrieg kaufte sich der britische Philosoph Aldous Huxley hier ein Haus.

Der britische Autor William Sommerset Maugham siedelte sich 1926 in Cap Ferrat an und gab große Salons. Der deutsche Kunstkritiker Julius Meyer-Graefe kam mit seiner Frau im Jahr 1930 und nahm drei Jahre später die ersten Flüchtlinge aus Deutschland auf, darunter Lion und Marta Feuchtwanger, die sich dank der glänzenden Einkünfte Feuchtwangers bald eine eigene Villa leisten konnten.

„Ich glaube, Sie waren der erste, der sich in der Emigration ein mehr als würdiges, ein glänzendes Heim zu schaffen wusste, in Sanary-sur-Mer, wo wir zusammen die ersten Monate nach unserer Entlassung als deutsche Schriftsteller verbrachten. Ich hätte gern den Goebbels durch Ihre Räume geführt und ihm die Aussicht gezeigt, damit er sich gifte“, schrieb Thomas Mann später an Lion Feuchtwanger.

Mann war 1933 auf dringenden Rat seiner Kinder Erika und Klaus nicht mehr von einer Vortragsreise durch Europa nach Deutschland zurückgekehrt und hatte sich im Mai 1933 ebenfalls in Sanary-sur-

Mer niedergelassen. Der Tipp kam von seinem Freund Jean Cocteau. Wenig später übersiedelte Thomas Mann für einige Jahre in die Schweiz.

Im November 1938 legte sein Dampfer aus Le Havre für eine Vortragsreise Richtung New York ab. Der bereits weltbekannte Autor hatte ein Besuchervisum bekommen, erwog aber angesichts der Entwicklung in Deutschland auf Dauer in den Vereinigten Staaten zu bleiben. An Bord schrieb er an seinen Bruder Heinrich, der schon in Nizza lebte:

„Lieber Heinrich,

Wer hätte gedacht, daß Österreichs Fall so plötzlich und widerstandslos kommen würde! Ich verliere viel an Wien, wo ich mich noch vorigen Winter ergreifend aufgenommen fand. Der Boden schwindet mehr und mehr. Die winterliche Ozeanreise hatte ich mir schlimmer vorgestellt. Wir haben sehr ruhige Fahrt, das Riesenschiff, fast unangreifbar wie es scheint, rollte nur einen Tag seitlich, wovon man nicht seekrank wird. In Amerika wird es ernst diesmal: Eine lecture tour durch 14 Städte bis nach Los Angeles, mit dem Thema ‚The coming victory of Democracy'. Es wird anstrengend, und bei all dem bin ich durch die Unsicherheit der Lage bedrückt. Sehr ungern wanderte ich aus. Und doch wäre es wohl das Klügste, gleich in Amerika Quartier zu machen.

Herzlich
Thomas."

Mann wird nach seiner Vortragsreise nicht mehr nach Europa zurückkehren und eine Gastprofessur an der Princeton University in New Jersey, ein Stück außerhalb von New York City, annehmen.

Lion Feuchtwanger und seine Frau Marta waren in St. Anton am Arlberg Schilaufen, als Hitler am 30. Jänner 1933 Reichskanzler wurde. Als Juden und noch dazu eingeschworene Linke konnten sie nicht mehr zurück nach Deutschland. Ihr Vermögen wurde eingezogen, das Konto gesperrt. Sie lebten von den Tantiemen aus Lions Büchern und Vorschüssen von hilfsbereiten Verlegern. Feuchtwangers Romane hatten vor allem im angelsächsischen Sprachraum hohe Auflagen erreicht. Durch die ansehnlichen Erträge aus den Buchverkäufen

Thomas Mann, 1933 in Sanary-sur-Mer Während Hitlers Machtübernahme war Deutschlands Starautor auf einer Vortragsreise.

wurde in Sanary-sur-Mer eine gediegene Haushaltsführung möglich. Seit seinem historischen Roman „Jud Süß", erschienen 1925, war Feuchtwanger international ein anerkannter Autor. In London gab er nach dem Erscheinen der englischen Übersetzung des Romans eine Serie von BBC-Interviews. Feuchtwanger wurde von Premierminister Ramsey MacDonald empfangen und dinierte mit Schriftstellerkollegen wie H. G. Wells und George Bernard Shaw.

Hitlers Propagandaminister Joseph Goebbels sollte später den Stoff von „Jud Süß" in grausamer Travestie in einem antisemitischen Propagandafilm missbrauchen.

Auch in den Vereinigten Staaten war Feuchtwanger eine große Nummer. Anlässlich einer USA-Reise Ende 1932 traf er dort Charlie Chaplin und Eleanor Roosevelt, die Frau des damals neugewählten

Präsidenten. Diese Bekanntschaft sollte für ihn acht Jahre später von lebenswichtiger Bedeutung werden.

Unmittelbar vor Hitlers Machtübernahme war Feuchtwanger von einer Hamburger Zeitung interviewt worden und hatte auf die Frage nach seiner persönlichen Zukunft geantwortet: *„Ich betrachte mich schon als Exilant.“ „Hitler bedeutet Krieg“*, sagte er Mitte Jänner 1933 in einem Gespräch mit Journalisten.

Als das Interview in der internationalen Presse erschien, war Feuchtwanger auf Schiurlaub in St. Anton am Arlberg. Am nächsten Tag, dem 30. Jänner 1939, kam Adolf Hitler an die Macht. Die Feuchtwangers wechselten nach diesem Abend fluchtartig das Hotel, weil eine deutsche Touristengruppe in der Lobby bei der Nachricht von Hitlers Triumph in wilde Begeisterung ausgebrochen war. Mitten unter den feiernden Nazis stand die ebenfalls jubelnde Filmregisseurin Leni Riefenstahl.

Wenige Tage später erkannten die neuen Herren Deutschlands Lion Feuchtwanger und Heinrich Mann die deutsche Staatsbürgerschaft ab. Der gebürtige Münchner Feuchtwanger nahm es mit Galgenhumor: *„Hitler kann mir die Staatsbürgerschaft wegnehmen, aber niemals meinen bayrischen Akzent.“*

Lion und Marta Feuchtwanger kehrten nie mehr nach Deutschland zurück. Die große Bibliothek des Schriftstellers in seinem Haus in Berlin-Dahlem wurde von der SA verwüstet.

In Sanary-sur-Mer schrieb Feuchtwanger bald nach seiner Ankunft den Roman „Die Geschwister Oppermann“. In ihm wird die Geschichte der jüdischen Geschwister Gustav, Martin, Edgar und Klara Oppermann in den Jahren 1932/1933 vor dem Hintergrund der Machtergreifung der Nazis in Deutschland erzählt. Die Oppermanns unterschätzen Hitler ebenso, wie ihn Feuchtwanger selbst unterschätzt hatte. Noch 1932 hatte der Autor allzu optimistisch das Scheitern der Nationalsozialisten vorhergesagt.

In der „Villa Valmer“ halten die Feuchtwangers in diesen ersten Jahren der Emigration oft Salon. Auch Bertolt Brecht kommt mitunter zu Besuch nach Sanary-sur-Mer. Er lebt im noch nicht besetzten Dänemark und singt bei seinen Visiten in Sanary in den Hafenkneipen „Le Nautique“ und „La Marine“ Spottlieder auf Hitler und Goebbels.

Für den Philosophen Ludwig Marcuse, auch er ist hier, wird Sanary-sur-Mer zunehmend zur „Hauptstadt der deutschen Literatur im Exil“.

Bei den Feuchtwangers gibt es sogar ein Auto – und es wird ihnen einmal fast zum Verhängnis. Im Oktober 1933 lösen sich die Bremsen des eben abgestellten Wagens, der daraufhin den steil abfallenden Weg zur Villa hinabrollt. Dort gehen gerade Lion Feuchtwanger, Arnold Zweig und Bertolt Brecht in Richtung Haus. Marta Feuchtwanger greift geistesgegenwärtig durch das Fenster in den rollenden Wagen und reißt das Steuer herum. Das Fahrzeug kippt und fällt auf sie. Marta erleidet komplizierte Schenkelbrüche.

Aber die Freunde verlieren sich zunehmend. Der Schlesier Arnold Zweig, sein 1927 erschienener Roman „Der Streit um den Sergeanten Grischa“ war ein großer Erfolg, wandert nach Palästina aus und wird dort nicht glücklich. Feuchtwangers Freund Bertolt Brecht geht zurück nach Dänemark und flüchtet 1941 über Finnland, Moskau und Wladiwostok nach Kalifornien. Auch er wird dort nicht heimisch. Feuchtwanger hatte Brechts Flucht finanziert.

Den westlichen Demokratien, die ständig vor Hitler zurückwichen, traute Feuchtwanger nicht mehr zu, mit den Nationalsozialisten fertigzuwerden. Das Zurückweichen Englands und Frankreichs angesichts der zahlreichen Verstöße Hitlers gegen den Friedensvertrag von Versailles, bestürzte ihn. Nur die Sowjetunion könne die Nazis stoppen, glaubte er.

So prominente Unterstützung war den um Anerkennung ringenden Sowjets nur recht. Zur Jahreswende 1936/37 luden sie den auch in der Sowjetunion bekannten Schriftsteller für drei Monate zu einer Rundreise ein – und das mit allen Ehren. Gleich nach seiner Ankunft wurde Feuchtwanger von Außenminister Maxim Litwinow empfangen. In diesem ersten Gespräch meldete der Schriftsteller noch Zweifel an den von Stalin angeordneten und gerade während seines Besuchs auf Hochtouren laufenden Schauprozessen gegen die alten Bolschewiken an. Er werde aber nichts darüber schreiben, weil die

Sowjetunion in der jetzigen Phase der Geschichte nicht geschwächt werden dürfe, beschwichtigte Feuchtwanger seine Gastgeber.

In den folgenden drei Monaten zeigten die Sowjets dem des Russischen nicht mächtigen Schriftsteller ausschließlich die Sonnenseiten des roten Reichs. Feuchtwanger war beeindruckt. Josef Stalin empfing ihn persönlich. Der Diktator machte sogar seine Pfeife aus, als der empfindliche Nichtraucher ihn darum bat.

Man schmeichelte ihm, dem großen Meister aus Deutschland.

Im Jänner 1937 wohnte Feuchtwanger einigen Schauprozessen gegen ehemalige Mitglieder des Politbüros und der Nomenklatura der Roten Armee bei und verfasste zwei Artikel für die sowjetische Presse, in denen er nun die Prozesse verteidigte. Zurück in Sanary-sur-Mer schrieb Feuchtwanger das Buch „Moskau 1937". Redigiert wurde es von Sowjet-Agenten, das Vorwort kam von Josef Stalin. Der Kreml ließ 200 000 Exemplare ankaufen.

Die schillerndsten Berühmtheiten im kleinen Sanary-sur-Mer sind in diesen Herbsttagen des Jahres 1939, in denen Hitler den Krieg vom Zaun bricht, Franz Werfel und seine Frau Alma Mahler-Werfel. Sie waren gerade nicht in Wien, als am 12. März 1938 die Nazis kamen. Über Paris verschlug es sie in die Künstlerkolonie an der französischen Rivera. Alma (1879–1964), Tochter des Wiener Landschaftsmalers Emil Jakob Schindler, ist eine illustre Persönlichkeit. Sie war 17, als ihr der Maler Gustav Klimt den Hof machte, und sie hatte wenig später eine Affäre mit dem Komponisten Alexander von Zemlinsky. Zu Jahresbeginn 1902, Alma war 22, heiratete sie den Direktor der Wiener Hofoper, Gustav Mahler. Der introvertierte Komponist war 42.

„Sie eine gefeierte Schönheit, gewöhnt an ein glänzendes gesellschaftliches Leben, er so weltfern und einsamkeitsliebend; und so könnte man noch eine Menge von Bedenken anführen", zweifelte der an der Wiener Oper wirkende Dirigent Bruno Walter an der Tragfähigkeit dieser Ehe. Er sollte recht behalten.

Alma betrog Mahler mit dem Komponisten Hans Pfitzner und mit dem jungen Architekten Walter Gropius. Mahler, wegen der Kritik der Zeitungen an seiner Arbeit an der Hofoper und wegen der Af-

Alma Mahler-Werfel, Franz Werfel, 1935
„Werfel ist ein O-beiniger Jude mit wulstigen Lippen und schwimmenden Schlitzaugen.“

fären seiner Frau in eine tiefe psychische Krise gestürzt, suchte Hilfe bei Sigmund Freud.

Wenig später erkrankte er an einer fortschreitenden Herzinnenhautentzündung. Gustav Mahler starb 1911. Merkwürdigerweise beendete Alma jetzt ihre Affäre mit Gropius und begann eine Liaison mit dem Maler Oskar Kokoschka, der ihr zunehmend verfiel. Er schickte ihr 400 Liebesbriefe, oft wachte er vor ihrem Wohnhaus, um sicher zu sein, dass sie keine männlichen Besucher empfing.

1914 wurde Alma Mahler von ihm schwanger. Sie ließ das Kind gegen den Willen Kokoschkas abtreiben. Der schockierte Maler kaufte sich ein Pferd und eine Uniform und ritt freiwillig in den Krieg. Bei Einsätzen in Galizien bekam er im August 1915 einen Kopfschuss und einen Bajonettstich in die Lunge ab. Der Kopfschuss zerstörte das Labyrinth eines Ohres, was seinen Gleichgewichtssinn beeinträchtigte. Kokoschka kehrte geläutert heim und hoffte, dass sich Alma ihm nun wieder zuwenden werde.

Vergeblich. Mahlers Witwe beendete die Beziehung zu Kokoschka und wandte sich abermals Gropius zu. Es sei ihre Absicht, sich den *„bürgerlichen Musensohn wieder beizubiegen"*, schrieb sie in ihr Tagebuch. Noch im selben Jahr heiratete Alma Mahler den Architekten, zwölf Monate später wurde Tochter Manon geboren.

Bei einem ihrer Wiener Salons – Gropius war an der Front – lernte sie 1917 den um elf Jahre jüngeren Franz Werfel kennen. Das Äußere des Schriftstellers beeindruckte sie nicht: *„Werfel ist ein O-beiniger, fetter Jude mit wulstigen Lippen und schwimmenden Schlitzaugen. Aber er gewinnt, je mehr er sich gibt"*, hielt Alma in ihrem Tagebuch fest. Sein *„sozialistisches Getue"* störte sie allerdings nachhaltig.

Wie zuvor Oskar Kokoschka verfiel auch Werfel der nun 37-jährigen Frau: *„Dein Leib riecht nach dem Wohlgeruch des Herdes, auf dem die Schöpfung gekocht wird"*, schwärmte er in einem Brief. Später notierte Werfel stolz: *„Wir liebten uns! Ich schonte sie nicht."*

Alma war nicht sicher, ob der Sohn, den sie 1918 zur Welt brachte, während des Heimaturlaubs von Walter Gropius gezeugt worden war oder ob Franz Werfel der Vater war. Das schwer behinderte Kind starb ein Jahr später.

Alma Mahler und Walter Gropius ließen sich 1920 scheiden. Franz Werfel heiratete Alma allerdings erst 1929. Er musste zuvor aus der jüdischen Religionsgemeinschaft ausscheiden, darauf bestand Alma.

Das Paar hielt in diesen ersten Ehejahren in einer Villa auf der Wiener Hohen Warte Hof. Der Komponist Alban Berg, der Autor Ödön von Horváth und der Dirigent Bruno Walter zählten zu den regelmäßigen Gästen. Als eine *„ziemlich große, allseits überquellende Frau, mit einem süßlichen Lächeln ausgestattet und hellen, weit offenen, glasigen Augen"* beschrieb Elias Canetti die Gastgeberin, er war ebenfalls zu Gast auf der Hohen Warte. Alma vertraute Canetti sehr Privates an: *„Gropius war der einzige Mann, der rassisch zu mir gepasst hat. Sonst haben sich immer kleine Juden in mich verliebt."*

Der Komponist Ernst Krenek, der ein Verhältnis mit Anna Mahler hatte, Almas Tochter aus erster Ehe, beschrieb die Mutter seiner

Geliebten als *„aufgetakeltes Schlachtschiff"*. Bei den Abenden auf der Hohen Warte habe immer eine recht schwüle Atmosphäre geherrscht: *„Sex war das Hauptgesprächsthema, und meistens wurden lärmend die sexuellen Gewohnheiten von Freunden und Feinden analysiert, wobei Werfel eine ernste und intellektuelle Note einzubringen versuchte, indem er sich feierlich über die Weltrevolution verbreitete."*

Für den jungen Schriftsteller Friedrich Torberg, mit Werfel eng befreundet, war Alma *„eine Frau von gewaltigem Kunstverstand und Kunstinstinkt"*, wie er 1964, nach ihrem Tod, in einem wohlwollenden Nachruf schrieb: *„Wenn sie von jemandes Talent überzeugt war, ließ sie für dessen Inhaber – mit einer oft an Brutalität grenzenden Energie – gar keinen anderen Weg mehr offen als den der Erfüllung ... Daran lag es wohl auch, daß so viele schöpferische Männer an ihr hängen blieben. Sie hatte eine Art, zu arrangieren und zu dirigieren, die ihr mit geometrischer Zwangsläufigkeit den Mittelpunkt zuwies, und alle waren dessen froh: denn dieser Mittelpunkt stand fest und setzte die andern in Szene, nicht sich."*

Von Werfel, der lange keinen großen Roman geschrieben hatte, forderte Alma streng ein tägliches Zeilenpensum ein.

Bald nach ihrer Heirat hatten Werfel und Alma 1929 eine Nahost-Reise angetreten, die sie nach Kairo, Jerusalem und schließlich nach Damaskus führte. In der syrischen Hauptstadt trafen die Reisenden aus Wien auf hunderte armenische Waisenkinder und auf tausende Überlebende des Völkermords des Osmanischen Reiches an den Armeniern während des Ersten Weltkriegs. Sofort fasste Werfel den Entschluss, das Gesehene literarisch zu verarbeiten. Der Roman „Die vierzig Tage des Musa Dagh" erschien 1933 und wurde ein Welterfolg. In Nazi-Deutschland wurde das Buch 1934 verboten.

Die Einkünfte aus den Verkäufen im Ausland reichten für ein bequemes Leben in der Villa auf der Hohen Warte.

Aber am Horizont gab es Wetterleuchten.

Die beklemmende Stimmung in Wien in den Tagen vor dem Anschluss bedrückte auch die sinnenfrohe Alma. Sie beschrieb sie später so: *„Täglich wuchsen die Blumenmengen vor dem Deutschen Verkehrsbüro, in dem das Riesenbild Hitlers prangte. Der Gehweg* *war völlig ungangbar. Die Blumen überwucherten die Fahrstraße. Die Frauen legten kniend ihre blühende Last vor dem Bild des Führers nieder. Am 9. März rief mich Zuckmayer* (der Dramatiker Carl Zuckmayer) *an, Anna Mahler und ich möchten in die Reichsbar kommen, sie seien alle betrunken. Egon Friedell war seit zehn Uhr früh mit Zuckmayer da. Friedell, der schon einen ziemlichen Rausch hatte, wurde sehr ernst, als ich ihm von meiner Vorausahnung sagte, daß Hitler vor den Toren Wiens stehe. ‚Das überleb ich nicht, ich habe nirgends auf der Welt was zu suchen. Ich geh nicht fort. Hier habe ich Zyankali bei mir, das nehm' ich, wenn er kommt.' Egon Friedell führte uns schwankend zum Wagen, wo er jede von uns, ungeachtet meines Chauffeurs, noch schnell einmal zwickte. So sah ich ihn zum letzten Mal. Er hat sich zwei Tage nach der Ankunft Hitlers aus dem Fenster gestürzt, weil er glaubte, dass die SA-Männer, die bei ihm läuteten, ihn holen wollten. Sein Leben hatte keinen Sinn mehr auf dieser Welt.*"

In Sanary-sur-Mer mieten die Werfels ein Gebäude oberhalb des Hafens, das in der Stadt „Le moulin gris" genannt wird: die graue Mühle. Das Haus hat einen Turm mit zwölf Fenstern, die einen Rundblick über das Dorf, den Hafen und die Berge im Hinterland bieten. Werfel richtet sich im Turm eine Schreibstube ein und beginnt sofort mit seinem Roman „Der veruntreute Himmel". Es ist ein sehr katholischer Stoff: Eine Magd wird von ihrem Neffen, für dessen vermeintliche Priesterkarriere sie sparte, schwer enttäuscht. Die Magd – in Wahrheit war es eine Köchin – gab es wirklich: Sie diente in Almas Haushalt, als Gustav Mahler noch lebte, und rührte den großen Meister durch ihr naives Zitherspiel zu Tränen.

Werfel schreibt den Roman in Sanary-sur-Mer innerhalb von zehn Wochen, dann gibt er ihn Lion Feuchtwanger zu lesen. Feuchtwanger ist begeistert: Das sei das Beste, das Werfel je geschrieben habe, urteilt der berühmte Kollege.

In den USA wird „Der veruntreute Himmel" 1938 in den ersten Wochen nach seinem Erscheinen 150 000 Mal verkauft. In Österreich wird das Buch erst 1958 verfilmt, die beliebte Volksschauspielerin Annie Rosar spielt darin die Magd.

Im Februar 1940 beginnt Werfel in Sanary mit der Arbeit an der Erzählung „Eine blaßblaue Frauenschrift“, die im Ständestaat Wien des Jahres 1936 spielt. Der Inhalt: Leonidas Tachezy, Sektionschef im Unterrichtsministerium, erhält einen Brief, geschrieben in einer blassblauen Frauenschrift. Er stammt von der Jüdin Vera Wormser, mit der Leonidas vor 18 Jahren in Heidelberg eine kurze, aber heftige Affäre hatte. Nun schreibt Vera, die sich gerade in Wien aufhält, dass ein *„begabter, junger Mann von 17 Jahren“*, allem Anschein nach sein Sohn, in Deutschland *„aus bekannten Gründen“* nicht mehr das Gymnasium besuchen dürfe. Sie bittet *„den Herrn Sektionschef“* darum, ihm einen Platz in einer guten Schule in Wien zu verschaffen. Leonidas Tachezy wird in einen peinlichen Gewissenskonflikt gestürzt, bevor er erfährt, dass es sich um den Sohn einer Freundin Veras handelt.

Bemerkenswert an der Erzählung ist, dass Werfel in der Emigration *„die positivste jüdische Figur in seinem Gesamtwerk zeichnet“*, wie sein Biograf Peter Stephan Jungk schreibt: *„Charakterisierte Werfel jüdische Menschen für gewöhnlich mit einiger Selbstverachtung oder mit gütig-mitleidsvoller Nachsicht ihrer angeblichen Grobheit, Unsensibilität und Aufdringlichkeit wegen, so rückt er Vera Wormser von diesem Klischee deutlich ab: In ihrer vornehmen, verzeihenden Art ragt sie hoch über den durch reiche Heirat arrivierten österreichischen Beamten Leonidas hinaus.“*

Ist das auch ein Akt der Befreiung aus der geistigen Umklammerung durch seine Frau? Der bürgerlichen, katholischen Antisemitin Alma ist die Gesellschaft in der Künstlerenklave Sanary-sur-Mer jedenfalls unangenehm: *„Ich lebe momentan in einem jüdisch-kommunistischen Klüngel, zu dem ich nicht gehöre. Manchmal reißt mir die Geduld und ich sage laut meine Wahrheit“*, hält sie in ihrem Tagebuch fest. *„Äußerstes Befremden in den Mienen der anderen zeigt mir, daß ich über das Ziel weit hinausgegangen war. Gott sei Dank ist Werfel jetzt absoluter Antikommunist.“*

Alma entwickelt in dieser ihr so fremden Runde in Sanary-sur-Mer eine Theorie, die allerdings an der Wirklichkeit vorbeigeht. *„Die Juden haben kein Proletariat, infolgedessen befreien sie fortwährend* *etwas, mit dem sie nicht den geringsten seelisch-geistigen Zusammenhang haben – und das sie einmal glattgrinsend verraten und erschlagen wird.“*

In Wahrheit war „das Proletariat“ sowohl in Deutschland als auch in Österreich nur unterdurchschnittlich stark in der NSDAP vertreten. Die meisten NSDAP-Mitglieder gab es in Tirol und Salzburg – damals wie heute keine Arbeiterhochburgen. In Wien schnitt die NSDAP bei den letzten demokratischen Gemeinderatswahlen im Jahr 1932 am besten in den Bezirken Wieden und Währing ab – dort war der Beamtenanteil an der Wählerschaft am höchsten. Und ein jüdisches Proletariat gab es auch in Wien durchaus. Aber Alma Mahler war wohl kaum je in den kleinen Elendsgassen der Leopoldstadt gewesen.

Immer wieder beklagt sie das Flüchtlingsdasein, so komfortabel das ihre auch sein mochte: *„Ceterum censeo: Die Emigration ist eine schwere Krankheit. Franz Werfel ist völlig erlahmt, ja vergreist und sehr hoffnungslos. Woher soll ich die Kraft hernehmen für alles? Wir sind wie eine abgemähte Wiese. Die Zeit verrinnt so, und das Leben. Man kann nichts anderes als warten. Das ist das Infamste. Dieser verdammte Hitler bringt uns um den Rest unseres Lebens.“*

Auch Erwin Piscator kommt in Sanary-sur-Mer vorbei. In seiner großen Zeit in den 1920er-Jahren war Piscator Kommunist und Avantgardist. Bei seinen Inszenierungen in Berlin setzte er alle technischen Hilfsmittel ein: Filmprojektionen, Förderbänder, sogar Aufzüge. Ab 1927 hatte Piscator ein eigenes Theater, die „Piscator-Bühne“. Dem dramaturgischen Kollektiv gehörten zeitweise Bertolt Brecht, Egon Erwin Kisch, Heinrich Mann und Erich Mühsam an. „Er ist der einzige fähige Dramatiker außer mir“, sagte der freche Augsburger Brecht damals in einem Zeitungsinterview.

Aber Piscator inszenierte zu aufwändig, die Weltwirtschaftskrise ließ das Publikum ausbleiben und das Theater musste Konkurs anmelden. Schon 1931 ging er in die Sowjetunion, durfte dort auch einen Film drehen („Der Aufstand der Fischer“), zu dessen Vorpremiere sogar Josef Stalin erschien. 1936, als die Hexenjagd auf alte Bolschewisten in der Sowjetunion auf Hochtouren lief und das Regime

Verschwörungstheorien auftischte, wurde er im Schriftstellerverband der „Sabotage“ bezichtigt. Piscator war im Oktober dieses Jahres gerade bei einem Kongress in Brüssel, als ihn sein Freund Wilhelm Pieck (nach 1949 erster Staatspräsident der DDR) aus Moskau anrief und ihm riet, besser nicht zurückzukommen, für sein Leben könne nicht garantiert werden.

Seit 1937 lebt Erwin Piscator nun in Neuilly, einem westlichen Vorort von Paris, wo seine zweite Frau, die wohlhabende Tänzerin Maria Ley, von ihrem verstorbenen Mann ein Haus geerbt hat. Piscator selbst, ehedem einer der großen Theaterregisseure der Weimarer Republik, ist finanziell abgebrannt. Aber Maria Ley hat für beide ein Visum für die USA beschafft, zur Jahreswende 1938/1939 legt ihr Schiff ab.

Eine zweite Kolonie von geflüchteten Künstlern hat sich nach der Vertreibung aus Deutschland und Österreich ein Stück weiter östlich von Sanary-sur-Mer, in Nizza, gebildet. Hier, an der Promenade des Anglais Nummer 121, hatten im Herbst 1934 drei Schriftsteller ein Haus mit drei Wohnungen gemietet. Die unterste Etage bewohnte der eben aus Wien angekommene Joseph Roth, der aber schon bald nach Paris übersiedelte. In der Mitte wohnt Hermann Kesten, Jahrgang 1900, geboren in Galizien. Die Jahre vor der nationalsozialistischen Machtübernahme hatte Kesten als Autor und Lektor in Berlin zugebracht und dabei Freundschaft mit vielen anderen Schriftstellern geschlossen.

Der Berühmteste in diesem Trio wohnt ganz oben: Heinrich Mann. Er ist jetzt 65 und hat sich in Nizza mit seiner neuen Lebensgefährtin Emmy Johanna Kröger, genannt Nelly, einquartiert. Sie ist um 24 Jahre jünger als Heinrich und stammt aus einfachsten sozialen Verhältnissen im norddeutschen Holstein. Ihr Vater ist Fischer.

Heinrich Mann hingegen entsprang einer angesehenen Lübecker Kaufmannsfamilie, die bedeutende Autoren hervorgebracht hat. Heinrich ist nicht bloß der um drei Jahre ältere Bruder des gefeierten Thomas Mann, er hat selbst großen literarischen Ruhm errungen. Sein Roman „Professor Unrat oder das Ende eines Tyrannen“, erschienen 1905, wurde in Deutschland lange totgeschwiegen, feierte aber im Ausland sofort große Erfolge. „Professor Unrat" war eine treffliche Karikatur des deutschen Spießers der wilhelminischen Epoche in all seiner Doppelmoral. Nie zuvor war das Bürgertum so gnadenlos entlarvt worden. Der Regisseur Joseph von Sternberg verfilmte den Stoff 1930 unter dem Titel „Der blaue Engel", Marlene Dietrich spielte die Lola.

Noch gründlicher als in „Professor Unrat" räumte Heinrich Mann in seinem 1914 abgeschlossenen Roman „Der Untertan" mit Preußentum, Nationalismus und den Verknöcherungen der wilhelminischen Gesellschaft auf. Das war der Geist, der Deutschland in den Weltkrieg getrieben hat, so die Botschaft. „Der Untertan" durfte erst 1918 erscheinen.

Heinrich Manns Bruder Thomas, der sich während des Weltkrieges wiederholt deutschnational geäußert hatte, warf dem pazifistischen Linken Heinrich „ruchlosen Ästhetizismus" vor. In seinem 1917 verfassten Buch „Betrachtungen eines Unpolitischen" nannte Thomas Mann den um vier Jahre Älteren einen „Zivilisationsliteraten". Den Krieg sah er als notwendige „nationale „Selbstklärung", selbst den Überfall auf das neutrale Belgien verteidigte Thomas Mann, der mit den „Buddenbrooks" und dem „Tod in Venedig" bereits große literarische Erfolge eingefahren hatte.

Kurt Tucholsky hingegen lobte Heinrichs „Der Untertan", diese Kampfschrift gegen den Wilhelminismus, als „Herbarium des deutschen Mannes". Schon in den ersten Wochen nach seinem Erscheinen 1914 wurde „Der Untertan" bis 1918 in Deutschland und Österreich mehr als 100 000 Mal verkauft.

Heinrich Mann verstand sich als Sozialdemokrat. Seit 1925 vertrat Stalins Sowjetunion die sogenannte „Sozialfaschismusthese", der zufolge die Sozialdemokraten bloß der „linke Flügel" des Faschismus seien. Folgerichtig untersagte Stalin der deutschen KPD jedes Bündnis mit der SPD. Heinrich Mann unterstützte dagegen vehement die Ansicht, die deutschen Kommunisten und die deutschen Sozialdemokraten – die beiden Parteien waren bei Wahlen fast gleich stark – müssten sich zu einer Aktionseinheit gegen Hitler zusammenschließen. 1932 unterzeichnete Heinrich Mann gemeinsam mit dem Physik-Nobelpreisträger Albert Einstein und der Malerin Käthe Kollwitz einen „Dringlichen Appell“ für eine solche „Einheitsfront“. Vergeblich. Erst 1935 verabschiedeten sich die Stalinisten von ihrer kruden These. Brecht hatte schon im Jahr zuvor, die Wende ahnend, im dänischen Exil sein berühmtes Einheitsfront-Lied getextet. Der markige Refrain lautete:

„Drum links, zwei, drei! Drum links, zwei, drei!
Wo dein Platz, Genosse, ist!
Reih dich ein in die Arbeitereinheitsfront,
weil du auch ein Arbeiter bist.“

Am Tag von Hitlers Machtübernahme, dem 30. Jänner 1933, war Albert Einstein, einer der drei Unterzeichner des „Dringlichen Appells“ zur Schaffung einer linken Einheitsfront gegen Hitler, gerade an der Princeton University nahe New York. Einige Wochen später kam er noch einmal kurz nach Europa zurück, allerdings nur, um in der deutschen Botschaft in Brüssel seinen Pass abzugeben. Seine Berliner Wohnung hatten ohnehin schon die Nazis konfisziert. Deutschland wollte Albert Einstein nicht mehr.

Der Erfolgsautor Heinrich Mann hatte sein Traumland Frankreich als Fluchtort gewählt. Er war immer ein Visionär der deutsch-französischen Freundschaft gewesen. Schon in den 1920er-Jahren hatte Mann die Idee einer Währungsunion der beiden Staaten, die erst kurz zuvor ihre Soldaten vier Jahre lang aufeinander schießen ließen, in Ansätzen vorgedacht. Sein in Nizza entstandenes Hauptwerk, der zweibändige Roman „Henri Quatre“, ist geprägt von französischem Geist und französischer Lebenslust.

In seinem Refugium in Südfrankreich verfügt Heinrich Mann über ausreichend Geld. Auch seine Freundin Nelly scheint sich wohlzufühlen. Unter den deutschen Emigranten in der Stadt – ihr Treffpunkt war das „Café Monod“ – wird die proletarische Nelly als Erzählerin handfester Geschichten geschätzt, erinnert sich später der Nachbar des Paares, Hermann Kesten. Dessen Mutter urteilt: *„Diese Nelly ist ein tapferes Mädchen mit dem Sinn fürs Gute. Sie hat falsch begonnen und sie wird vielleicht auch falsch enden, aber dazwischen* *lebt sie goldrichtig; wer einen solchen Mann gewinnt, muss sehr liebenswert sein oder sehr heftig lieben.*"

Aber Nelly trinkt. Und sie hat schon zweimal versucht, sich das Leben zu nehmen. Verfällt sie auf Literatenpartys in ihre etwas derbe Sprache, reagiert Heinrich Mann nach außen hin etwas pikiert, scheint aber Gefallen daran zu finden.

An diesem 3. September 1939, an dem Frankreich Hitler-Deutschland den Krieg erklärt, ändert sich selbst im für Exilanten noch recht bequemen Süden Frankreichs alles. Auch hier werden nun viele von jenen, die Nazi-Deutschland entkommen sind, als „feindliche Ausländer" in Internierungslager gebracht. Lion Feuchtwanger muss ins Camp les Milles, seine Frau Marta wird im Camp de Gur, am Fuß der Pyrenäen, inhaftiert. Hermann Kesten kommt ins Lager in Colombes nahe Paris.

Heinrich Mann ist 68 und damit zu alt, um als „feindlicher Ausländer" zu gelten. Ihm bleibt das Internierungslager erspart. Nun muss er seiner Nelly etwas Halt geben. Am 9. September 1939, acht Tage nach Beginn des Zweiten Weltkriegs, beurkundet ein französischer Standesbeamter in Nizza die Eheschließung von Heinrich Mann mit Emmy Johanna Kröger.

Aber zu denen, die nicht ins Lager müssen, kommt nun fast täglich die Polizei und führt Hausdurchsuchungen durch. Franz Werfel wird einmal zum Gaudium der Umstehenden mitten am Marktplatz gefilzt, obwohl er die örtliche Polizei immer wieder mit ansehnlichen „Trinkgeldern" ruhiggestellt hatte. Wegen der Gefahr deutscher Luftangriffe wird Verdunkelung angeordnet. Als Werfel einmal mit einer Taschenlampe in sein Arbeitszimmer in den Turm mit den zwölf Fenstern steigt, ist sofort die Polizei zur Stelle und beschuldigt ihn, deutschen Schiffen mit der Lampe Signale zu geben. Dem verdutzten Schriftsteller werden strenge Strafen angedroht.

„Wozu aufstehen in der Früh, wozu sich frisieren, für wen sich anziehen? Ist ja alles gleichgültig. Die Menschen um uns herum sind alle Schatten ihrer selbst", schreibt die deprimierte Alma in ihr Tagebuch.

Frankreich, September/Oktober 1939

IN DEN LAGERN DER REPUBLIK

Schon ein Jahr vor der Besetzung durch Nazi-Deutschland, also im Sommer 1939, erließ die demokratische Regierung Frankreichs eine Verordnung, wonach sich alle „feindlichen Ausländer" – also Bürger jener Staaten, die sich mit Frankreich formell im Kriegszustand befanden – im Alter zwischen 17 und 50 Jahren „zur Überprüfung ihres Status" in bestimmten aufgelassenen Fabrikshallen oder Sportstadien einzufinden hatten. Frauen mit kleinen Kindern waren von diesem Erlass ausgenommen.

In den ersten zwei Monaten des Kriegs wurden nun zehntausende Flüchtlinge – meist waren es deutsche und österreichische Juden – in Frankreich in eines der 21 Internierungslager gesperrt.

Wie reagierte die französische Öffentlichkeit auf die Internierung von Flüchtlingen aus Deutschland, Österreich und – ab 1939 – auch aus der Tschechoslowakei? Sie hatten sich nichts zuschulden kommen lassen. Im Gegenteil: Es gab ja den gemeinsamen Feind Adolf Hitler. Frankreich hatte Deutschland als Bündnispartner des überfallenen Polens am 3. September 1939 den Krieg erklärt. Und nun waren Hitlers Feinde plötzlich auch die Feinde Frankreichs?

Warum also gab es in der französischen Bevölkerung keine Proteste gegen diese Maßnahmen?

Die 1909 noch im altösterreichischen Galizien geborene und in Wien aufgewachsene Autorin Lisa Fittko – wenig später wird sie selbst in ein Internierungslager deportiert – schreibt in diesen Septembertagen 1939 in einem Brief an Freunde: *„Ihr macht euch keine Vorstellungen von der Fremdenpsychose. Wir deutschen Emigranten sind jetzt der Feind, wir sind Spione und Agenten Hitlers. Wir sind seine fünfte Kolonne."*

Lisa Fittko wird im gewaltigen Flüchtlingstreck, der sich nach dem Einmarsch der deutschen Wehrmacht in Bewegung setzen wird, noch eine wichtige Rolle spielen.

Alma Mahler-Werfel berichtete in ihren Erinnerungen später Ähnliches: *„Überhaupt die Franzosen! Äußerlich liebenswürdig, innerlich roh und damals ungemein hitlerfreundlich. Ich fühlte das Kommende voraus, wollte weg aus diesem pestkranken Land, aber Franz Werfel verbiß sich in die Idee ‚Letzter Zipfel von Europa' und wollte nicht fort. Es sollte uns teuer zu stehen kommen."*

Die Werfels hatten 1938 Visa für die USA bekommen, der Autor ließ sie verfallen: Er wollte nicht in dieses ferne Land, das er für kulturlos hielt.

Die Stimmung in der französischen Öffentlichkeit, die Lisa Fittko und Alma Mahler-Werfel schildern, hatte sich langsam aufgebaut. War die Haltung gegenüber den ersten Migranten, die nach Hitlers Machtergreifung 1933 nach Frankreich gekommen waren, noch durchwegs positiv, kühlte das Verhältnis deutlich ab, als nach 1934 auch auf dem französischen Arbeitsmarkt die Folgen der Weltwirtschaftskrise zu spüren waren. Als Konsequenz des Umschlagens der Stimmung in der Bevölkerung wurden immer weniger Einreisevisa und Arbeitsbewilligungen vergeben. Auch die Möglichkeiten, ein eigenes Geschäft zu eröffnen, wurden für Ausländer eingeschränkt. Immer mehr Immigranten wanderten nun in die Illegalität ab.

Als 1936 die linke Regierung unter Léon Blum an die Macht kam, besserte sich die Lage für die Einwanderer leicht, von Dauer war dies nicht. Die nächste Regierung unter Camille Chautemps versuchte einen Beschwichtigungskurs gegenüber Hitler, was auch beinhaltete, dass die Flüchtlingspolitik noch rigider wurde. Die Aufenthaltsbewilligungen wurden nun weit seltener vergeben, Verstöße gegen das Aufenthaltsverbot mit Geld- und Freiheitsstrafen geahndet. Wer Flüchtlingen beim illegalen Grenzübertritt half, kam ins Gefängnis.

Wurde kein Aufenthaltsrecht erteilt, hatte der Einwanderer im milderen Fall eine bestimmte Frist, innerhalb der er das Land zu verlassen hatte. Im tragischeren Fall wurde der Flüchtling über die Grenze zurückgeschickt. Eine nochmalige Einreise war nicht mehr möglich, was allerdings totes Recht war: In den meisten Fällen nahm sich sofort die Gestapo der Zurückgewiesenen an.

Dazu kam, dass es sich bei 80 Prozent der Exilanten um Juden handelte, und Antisemitismus den Franzosen keineswegs fremd war.

Schon 1886 hatte der französische Journalist Édouard Drumont sein berüchtigtes Buch „La France juive" („Das jüdische Frankreich") veröffentlicht, in dem er behauptete, das Land sei fest in der Hand von Juden, die auf Kosten der kleinen Leute ihre Geschäfte machten. Drumonts antisemitische Bibel erreichte 200 Auflagen und war eine der meistgelesenen politischen Schriften der französischen Geschichte.

Drumont hatte bereits 1893 in seiner Zeitung scharf protestiert, als mit Alfred Dreyfus der erste jüdische Offizier in den Generalstab der französischen Armee einzog. Im Oktober 1894 sickerte an die Presse durch, Dreyfuß werde des Landesverrats verdächtigt, was den Antisemitismus weiter anfachte. Mehrere Zeitungen nahmen den Fall zum Anlass hemmungsloser Hetze. Aber Dreyfuß fand auch Unterstützer wie den Schriftsteller Émile Zola, dessen berühmter Artikel „J'accuse" am 15. Jänner 1898 in der Zeitung „L'Aurore" erschien. Der Sozialistenführer Jean Jaurès lehnte es zunächst ab, sich für den bürgerlichen Militär Alfred Dreyfuß einzusetzen. Dies sei eine Auseinandersetzung innerhalb der herrschenden Klassen, argumentierte Jaurès. Später wurde er zu einem der wichtigsten Unterstützer von Dreyfuß, der schließlich freigesprochen und rehabilitiert wurde.

Die politische Philosophin Hannah Arendt, die in diesem Herbst 1939 als „feindliche Ausländerin" ins Camp de Gur gebracht wird, hatte die „Affäre Dreyfuß" als temporäres Bündnis des Mobs mit den Eliten analysiert und diese Theorie später auf den Nationalsozialismus umgelegt. Die Krupps, die Thyssens, der antisemitische Großverleger Alfred Hugenberg – sie hätten sich mit den in der Weltwirtschaftskrise verarmten Massen zusammengetan und Hitler die Macht überantwortet.

Die französischen Zeitungen spielten im Herbst 1939 bei der Stimmungsmache gegen die deutschsprachigen Immigranten jüdischen Glaubens eine wichtige Rolle. *„Die Tagespresse tat, indem sie die Ge-*

fährlichkeit der Fremden und Flüchtenden betonte, das Ihrige, um die Einstellung der breiten Öffentlichkeit in eine bestimmte Richtung zu lenken", schreibt die Literaturwissenschaftlerin Silvia Pötscher in ihrer Diplomarbeit über „Leben im Exil in Frankreich".

Wie so oft war es eine auflagenstarke Boulevardzeitung, die für entsprechende Töne sorgte, in diesem Fall das Wochenblatt „Gringoire", benannt nach einer Figur aus Victor Hugos „Notre Dame de Paris". 500 000 Hefte verkaufte „Gringoire" pro Woche, bis nach Bukarest wurden Exemplare expediert. 1928 gegründet, war das Blatt bald in antiparlamentarisches Fahrwasser geraten und hatte den italienischen Diktator Benito Mussolini ebenso gepriesen wie Portugals faschistischen Machthaber Antonio Salazar. Im Spanischen Bürgerkrieg stand „Gringoire" auf der Seite des Putschisten-Generals Franco.

„Gringoire"-Herausgeber Henri Béraud propagierte 1935 in einem Leitartikel den Judenhass: *„Ja, wir haben Antisemiten zu sein, weil die Rettung von Frankreich auf dem Spiel steht. Der Jude ist der geborene Feind der nationalen Traditionen, er ist weder Soldat noch Arbeiter noch Bauer."* Die Juden seien auch die besten Agenten des Kommunismus in Frankreich, sie würden die Einwanderung begünstigen und den Sturz der französischen Regierung planen, hieß es immer wieder.

Das Hetzblatt „Gringoire" durfte während der deutschen Besetzung weiter erscheinen und wurde erst 1944 eingestellt.

Die ständige Propaganda, der sich – in milderer Form – auch andere Blätter anschlossen, blieb nicht ohne Wirkung. *„Sie führte dazu, dass für die Bevölkerung Antifaschisten und Nazis gleichgestellt wurden und dass der Hass auf die Emigranten geschürt wurde"*, schreibt Silvia Pötscher in ihrer Arbeit: *„Die vor den kriegerischen Intentionen Hitlers warnenden Stimmen der Migranten wurden als Versuch bewertet, einen Keil zwischen die Beziehungen Frankreichs und Deutschlands zu treiben. Erst die Besetzung Polens zwang die Regierung unter Daladier dazu, Hitlerdeutschland den Krieg zu erklären."*

Auf Widerstand in der französischen Bevölkerung stoßen die ab Jänner 1939 eingerichteten Lager also kaum.

Die Internierungscamps füllen sich entsprechend schnell. Neben den deutschen und österreichischen Juden, die sich schon seit längerer Zeit in Frankreich aufhalten, bekommen die Lager nun auch Zustrom von Süden. In Spanien hat der Faschisten-General Francisco Franco den drei Jahre währenden Bürgerkrieg für sich entschieden. Im März 1939 fällt Madrid, am 1. April erklärt Franco den Krieg einseitig für beendet. Auf der Seite der linken Republikaner hatten auch rund 40 000 „Interbrigadisten" aus ganz Europa gekämpft. 6500 kamen aus Deutschland, 1400 aus Österreich. Mehr als die Hälfte der Brigadisten fiel in den Kämpfen gegen die Franco-Truppen. Hunderte wurden in internen Auseinandersetzungen getötet, als von Moskau gesteuerte Kommunisten gegen „Abweichler" vorgingen, etwa Anhänger des vor Stalin nach Mexiko geflohenen Leo Trotzki.

Die der kommunistischen Weltbewegung immanente Spaltung zeigte sich auch an dieser Nahtstelle der Geschichte.

Die überlebenden Kämpfer der internationalen Brigaden versuchen sich nach der Niederlage nach Norden durchzuschlagen und werden von den Franzosen in Internierungslagern gesammelt. Im Lager Le Vernet etwa sind auch tausende Interbrigadisten sowie Gestrandete aus zahllosen Nationen untergebracht: Deutsche, Italiener, Elsässer, Tschechen, Russen, Österreicher, Holländer, Belgier – Juden, Sozialdemokraten, Kommunisten, Monarchisten.

Die Lebensbedingungen sind katastrophal. Der in Budapest geborene Journalist Arthur Koestler hatte für deutschsprachige Exil-Blätter aus dem Spanischen Bürgerkrieg berichtet und ist nun ebenfalls in Le Vernet interniert. Er wird später das Kapitel seiner Lebenserinnerungen, das sich mit diesen Monaten im Lager befasst, mit „Abschaum der Erde" titeln.

Koestler hat sich unter dem Eindruck von Stalins Schauprozessen eben vom Kommunismus abgewandt. Während er in Le Vernet interniert ist, beginnt er an seinem wichtigsten Buch zu arbeiten: „Sonnenfinsternis". Im Mittelpunkt des Romans steht die Geschichte N. S. Rubaschows, der als angeblicher Konterrevolutionär in die Mühlen der stalinistischen Geheimpolizei gerät. Mit den Methoden der Folter, aber auch der moralischen Reflexion wird Rubaschow dazu gebracht, selbst daran zu glauben, der Partei geschadet zu haben, was nur durch ein Geständnis wiedergutzumachen sei.

Genauso laufen gerade in diesen Monaten die „Moskauer Prozesse“ gegen angebliche „Agenten“ und „Feinde der Sowjetunion“ ab. „Sonnenfinsternis“ erscheint erstmals 1940 in London, wohin es Koestler nach seiner Flucht aus dem Lager schließlich gerade noch rechtzeitig vor der Besetzung Frankreichs durch Nazi-Deutschland schafft.

Nicht allzu weit entfernt von Le Vernet, im Lager Camp de Milles nahe Aix-en-Provence, einer ehemaligen Ziegelei, lebt in diesen Herbstmonaten des Jahres 1939 ein deutscher Maler mit Weltgeltung: der im Rheinland geborene Max Ernst, Jahrgang 1891. Er lebte seit 1922 in Paris – und führte ein wildes Künstlerleben. Max Ernst verliebte sich sofort nach seiner Ankunft in Europas Künstlermetropole in Gala, die Frau seines ersten Quartiergebers, des Schriftstellers Paul Éluard, die viel später Salvador Dalí heiraten sollte.

Schon ab 1924 war Ernst eines der wichtigsten Mitglieder des Surrealisten-Kreises um André Breton, der in diesem Jahr das „Manifeste du Surréalisme“ verfasste. Ab 1925 hatte er sein eigenes Atelier im Quartier Montparnasse. Sein Nachbar war der Bildhauer Alberto Giacometti.

Nach der Machtübernahme durch die Nationalsozialisten wurde Max Ernst als „entarteter Künstler“ eingestuft. 1937 zeigten die Nazi-Kulturpolitiker zwei seiner Bilder in der Ausstellung „Entartete Kunst“ in München.

Ab 1937 lebte Max Ernst mit der surrealistischen Künstlerin Leonora Carrington auf einem abgelegenen Bauernhof im südfranzösischen Saint-Martin-d'Ardèche. Sie war erst 20, als sie ihn traf, er war ein 46-jähriger Mann mit ständig wechselnden Liebschaften.

Von diesem Bauernhof holt nun die Polizei Max Ernst ab und bringt ihn ins Camp les Milles nahe Aix-en-Provence – auch er ein „feindlicher Ausländer“.

Das Lagerleben setzt dem 48-jährigen Maler schwer zu. In einer Postkarte an seine Pariser Galeristin Jeanne Bucher steht nichts außer dem Notruf „*S.O.S*“. Die Internierten hätten von ihren französischen Bewachern nur wenig zu essen bekommen und selbst dieser Fraß sei noch von Ziegelstaub durchsetzt gewesen, schreibt er einige Jahre später.

Erst nach mehreren Monaten und einer Odyssee durch andere Camps kommt Max Ernst frei. Sein erster Freund in Frankreich, Paul Éluard, dem er seine Gala hatte ausspannen wollen, hatte ein gutes Wort für ihn eingelegt.

Die französische Internierungspolitik macht auch vor den Künstlerenklaven an der Riviera nicht halt.

Lion Feuchtwanger erhält die Order, sich mit höchstens 30 Kilogramm Gepäck innerhalb von 48 Stunden im Camp les Milles einzufinden. Seine Frau Marta, gerade noch Gastgeberin gelehrter Gesellschaften, wird in Camp de Gur am Rande der Pyrenäen festgehalten. Auch Dora Benjamin, die jüngere Schwester Walter Benjamins, wird ins Camp de Gur gebracht, wo sie auf Hannah Arendt, die gute Freundin ihres Bruders, trifft. *„Die Zeitgeschichte hat eine neue Gattung von Menschen geschaffen – Menschen, die von ihren Feinden ins Konzentrationslager und von ihren Freunden ins Internierungslager gesteckt werden"*, schreibt Hannah Arendt 1943 – schon in den USA – in ihrem berühmten Essay „Wir Flüchtlinge". Arendt erzählt darin die Lebensgeschichte eines jüdischen Flüchtlings, der sich „150-prozentig" um Assimilation in seinem neuen Staat bemüht. Aber für einen Flüchtling bleiben alle Anstrengungen, ein Deutscher, Amerikaner oder Franzose zu werden, erfolglos, so Hannah Arendts Fazit nach einem Jahrzehnt auf der Flucht: *„Wir haben unser Zuhause und damit die Vertrautheit des Alltags verloren. Wir haben unseren Beruf verloren und damit das Vertrauen eingebüßt, in dieser Welt irgendwie von Nutzen zu sein. Wir haben unsere Sprache verloren und mit ihr den ungezwungenen Ausdruck unserer Gefühle."*

Lion Feuchtwanger beschrieb den Stimmungswandel gegenüber den Flüchtlingen in Frankreich so: *„Wir hatten es uns alles anders vorgestellt, als wir hierher kamen. Man hat uns gefeiert, die Zeitungen hatten herzliche, respektvolle Begrüßungsartikel geschrieben, die Behörden hatten erklärt, es sei eine Ehre für Frankreich, uns gastlich aufzunehmen. Der Präsident der Republik hat mich empfangen. Jetzt also sperrte man uns ein."*

In den Lagern wird, anders als in den deutschen KZs, nicht gefoltert und gemordet. Aber die Lebensbedingungen sind hart: Camp les Milles, wo Lion Feuchtwanger mit 2000 anderen Flüchtlingen inhaftiert ist, steht auf dem Gelände einer aufgelassenen Ziegelfabrik. Die Männer müssen auf dem Boden schlafen. Bald grassieren im Lager schwere Durchfallerkrankungen.

Es gibt keine Waschräume und nur eine Latrine, an die sich Feuchtwanger später so erinnerte: *„Auf der Latrine hocken – und stöhnend erkundigte man sich nach dem werten Befinden: ‚Wie fühlen Sie sich heute, Herr Professor?'- ‚Wie geht es Ihnen heute, Herr Geheimrat?' – ‚Wie haben Sie heute Nacht geschlafen, Herr Ministerialdirektor?'"*

Colombes, wo nun ebenfalls viele „feindliche Ausländer" interniert werden, ist ein Industriebezirk am Rand von Paris. Im dortigen Fußballstadion hat die französische Regierung nach der Kriegserklärung an Deutschland im September 1939 ein Internierungslager für Männer eingerichtet. Allein im österreichischen „Sektor" sitzen 2000 Männer fest.

Am 30. November 1939 wird ein 59 Jahre alter Österreicher nach Colombes gebracht. Er heißt Robert Stolz und ist einer der berühmtesten und beliebtesten Komponisten des deutschsprachigen Raums. Überall singt man seine Lieder: „Die ganze Welt ist himmelblau", „Adieu, mein kleiner Gardeoffizier", „Ob blond, ob braun – ich liebe alle Frauen", „Salome".

Stolz, ein gebürtiger Grazer, ist kein Jude und hätte sein Land nicht verlassen müssen. Die Nazis hatten sogar um ihn geworben, Propagandaminister Joseph Goebbels umschmeichelte ihn persönlich. Aber Stolz wollte nicht bleiben. Er hatte schon 1933 jüdische Freunde in seinem Auto aus Deutschland nach Wien geschmuggelt. Als Nazi-Deutschland Österreich besetzte, verhalf er ihnen 1938 zur Flucht und ging Anfang 1939 selbst – zuerst nach Zürich, dann nach Paris. Robert Stolz war bereits viermal verheiratet. In Paris lernte er nun seine fünfte und letzte Frau kennen: Yvonne Louise Ulrich, genannt „Einzi", eine polnische Jüdin. Sie war 24 Jahre alt, als sie sich zum ersten Mal trafen, sie war verheiratet und hatte eine Tochter. Ihr wohlhabender Mann lebte in London.

Die Lage im Lager Colombes ist entsetzlich. Die Internierten müssen auf den Bänken des Stadions oder auf den betonierten Zwischenräumen schlafen. Wer Glück hat, bekommt Stroh, wer noch mehr Glück hat, auch eine Decke. Bald grassieren Erkältungskrankheiten. Warme Mahlzeiten sind nicht vorgesehen. Es gibt jeden Tag Brot und grobe Pastete.

Keinen Tag zu früh erreicht Einzi durch heftige Interventionen bei den Behörden und durch Bestechung einiger Beamter die Entlassung von Robert Stolz. Stolz hat sich durch das monatelange Lagerleben unter freiem Himmel bereits eine Lungenentzündung zugezogen. Einzi verschafft ihm ein Visum für die USA und reist ihm wenige Wochen später mit ihrer Tochter nach. Ihren in England wartenden Mann verlässt sie.

In diesem Dezember 1939, in dem Robert Stolz den Nazis entkommt, sind die 20 französischen Internierungslager bereits brechend voll: Juden aus Deutschland, Österreich und der Tschechoslowakei sind in ihnen festgesetzt, dazu kommen ständig politische Flüchtlinge aus ganz Europa und Interbrigadisten aus dem Spanischen Bürgerkrieg.

Im Frühjahr 1940 mehren sich die Anzeichen, dass ein Angriff Nazi-Deutschlands auf Frankreich bevorsteht. In den Lagern bricht Panik aus. Die deutschen und österreichischen Insassen, aber auch die Interbrigadisten wissen, dass ihr Leben in höchster Gefahr ist, sollten sie den Nazis in die Hände fallen. Einige wählen den Freitod. Der Schriftsteller Walter Hasenclever nimmt im Camp les Milles eine Überdosis des Schlafmittels Veronal.

Veronal! Kaum eine andere Arznei hat so oft Literaten beschäftigt. Schon Arthur Schnitzlers „Fräulein Else“ hatte die 1903 auf den Markt gekommene Mixtur eingenommen, nachdem sie sich im Speisesaal entblößt hatte. 1935 vergiftete sich Kurt Tucholsky im Exil in Schweden auf diese Weise. Mit Veronal begehen Stefan Zweig und seine Frau Lotte Altmann 1942 im brasilianischen Exil Suizid. Viel später sollten auch Marilyn Monroe und Jimmy Hendrix an zu viel Veronal sterben.

Willy Münzenberg, 50, ehemaliger KPD-Abgeordneter und Gründer des zweitgrößten Medienkonzerns Deutschlands, sitzt in diesem

Frühjahr 1940, in dem auch im Westen Europas die Lunte des Krieges glimmt, im Lager Chambaran, im Südosten von Lyon. Den größten Medienkonzern Deutschlands lenkte Alfred Hugenberg (1865–1951), er kontrollierte etwa die Hälfte der deutschen Presse. Nationalismus und Antisemitismus waren die Leitlinien seiner Zeitungen, Hugenberg wurde damit zu einem der bedeutendsten bürgerlichen Wegbereiter des Nationalsozialismus.

Willy Münzenberg, sein schärfster Konkurrent, steht in diesen Frühlingstagen des Jahres 1940 auf allen Fahndungslisten der Nazis. Er war ein Freund Lenins gewesen, er hatte die kommunistische Jugendinternationale angeführt und die „Arbeiter Illustrierte Zeitung“ gegründet, eines der auflagenstärksten Blätter der Weimarer Republik, ein Massenblatt der Linken.

Auch in der Emigration arbeitete Münzenberg ab 1933 rastlos gegen die Nazis. Gemeinsam mit Arthur Koestler gab er 1938 das Magazin „Die Zukunft“ heraus, das nachdrücklich eine Einheitsfront von Kommunisten, Sozialdemokraten und Bürgerlichen gegen den Faschismus forderte. Eine solche Koalition hatte Stalin vor Hitlers Machtübernahme sabotiert: Die Sozialdemokraten, so die Order aus Moskau, seien ebenso zu bekämpfen wie die Nationalsozialisten, beide seien gleichermaßen Feinde der Arbeiterklasse. Die Front gegen Hitler wurde auf diese Weise entscheidend geschwächt.

Da mochten weder Münzenberg noch Koestler mit, überdies schockierten sie die „Moskauer Prozesse“ gegen die alten Bolschewiki. So wie Koestler bricht auch Münzenberg mit der Kommunistischen Partei.

Er und einige seiner Freunde können im Mai 1940, in dem Nazi-Deutschland seinen Westfeldzug beginnt, den Lagerkommandanten in Chambaran überreden, sie laufen zu lassen. Zu fünft fliehen sie nun Richtung Schweiz – eine illustre Gruppe, aber keineswegs ausgestattet mit den Fähigkeiten, die eine Flucht dem Menschen abverlangt. Neben Münzenberg sind da noch der Soziologe Leopold Schwarzschild, der Verleger Kurt Wolff und der Kunsthistoriker Paul Westheim. Sie sind allesamt Männer des Geistes, der Weg durch Wälder und über Gebirgszüge ist völliges Neuland für sie.

Münzenberg trennt sich von der Gruppe, weil er glaubt, allein schneller voranzukommen. Dann verschwindet er.

Erst ein halbes Jahr später, im Oktober 1940, wird in einem Waldstück bei Saint-Marcellin nahe Grenoble Münzenbergs Leiche gefunden. Sie trägt einen Strick um den Hals. Lange wurde angenommen, es könnte sich um einen Fememord im Auftrag Stalins gehandelt haben, der ja im selben Jahr seinen Widersacher Leo Trotzki im mexikanischen Exil mit einem Eispickel erschlagen hatte lassen. Später wurden Dokumente und Aufzeichnungen Münzenbergs bekannt, die darauf schließen lassen, dass er bald nach der Trennung von seiner Gruppe Selbstmord begangen hat.

Alle seine Gefährten kamen durch und starben erst lange nach Kriegsende.

Westeuropa, 10. Mai 1940

DIE WEHRMACHT RÜCKT VOR

Ein schicksalsschwerer Tag beginnt. Die deutschen Besatzungsbehörden in Polen veranlassen am Morgen dieses denkwürdigen 10. Mai 1940 die Abriegelung des „jüdischen Wohnbezirks" von Lodz. Seit Februar 1940 werden im Ghetto 160 000 Einwohner zusammengepfercht. In einem Zimmer wohnen im Durchschnitt sechs Menschen. In London ernennt König Georg VI. am Vormittag des 10. Mai 1940 den 65-jährigen Winston Churchill zum neuen Premierminister. Das Unterhaus hatte zuvor dem bisherigen Regierungschef Neville Chamberlain mit 281 zu 200 Stimmen das Vertrauen entzogen. Churchill hatte sich gegen Chamberlains Appeasement-Politik gegenüber Hitler und für eine Verstärkung der militärischen Aktivitäten gegen NS-Deutschland ausgesprochen. In einer Radiorede fordert der neue Premierminister dem Volk Opfer ab: *„Ich habe nichts zu bieten, als Blut, Mühsal, Tränen und Schweiß. Wir haben viele, viele Monate des Kämpfens und des Leidens vor uns. Sie fragen: Was ist unser Ziel? Ich kann es mit einem Wort nennen: Sieg – Sieg um jeden Preis, Sieg trotz aller Schrecken, Sieg, wie lang und beschwerlich der Weg dahin auch sein mag."*

Ebenfalls an diesem ereignisreichen 10. Mai 1940, einem Freitag, macht Adolf Hitler den „Fall Gelb" mobil – das Codewort für das Losschlagen gegen den Erzfeind Frankreich. Um 5.35 Uhr dringen Verbände der Wehrmacht ohne Kriegserklärung in die Niederlande und in Luxemburg ein. Den Aufmarschplan hatte General Erich von Manstein entworfen: Holland sollte besetzt und Frankreich dadurch verleitet werden, starke Kräfte in Richtung Belgien in Marsch zu setzen. Gleichzeitig sollte die Heeresgruppe A unter General Gerd von Rundstedt durch die Ardennen stoßen – ein hochriskantes Manöver –, wodurch die französische Armee wie von einer Sichel umfasst wäre. Die Alliierten haben zwar mit einem Krieg gerechnet, Frankreich und England hatten Hitler ja schon am 3. September 1939, nach dem Überfall auf Polen, den Krieg erklärt. Aber sie hatten die Ardennen für unüberwindlich gehalten und auf die Befestigungen der Maginot-Linie gesetzt, einem ab 1930 errichteten Bunkersystem entlang der gesamten französischen Grenze.

Schon am 14. Mai, vier Tag nach Beginn des Vormarschs, erreichen die deutschen Truppen die Kanal-Küste, einen Tag später kapituliert die niederländische Regierung. Die Wehrmacht marschiert Richtung Belgien und durchbricht die ersten Verteidigungsstellungen der Alliierten.

In Brüssel lebt seit einigen Jahren der Österreicher Friedrich Adler (1879–1960), der Sohn des sozialdemokratischen Parteigründers Victor Adlers, er ist jetzt Generalsekretär der Sozialistischen Arbeiter Internationale (SAI), die in der belgischen Hauptstadt ihren Sitz hat. In seinen jungen Jahren war Friedrich Adler ein hochtalentierter Physiker gewesen, er hatte in Zürich mit Albert Einstein gearbeitet, bevor er sich für die Politik entschied. 1916 hatte er, ein Mann des linken Flügels der Sozialdemokraten, in einem Wiener Restaurant den kriegstreiberischen Ministerpräsidenten Karl Stürgkh erschossen. Zuerst zum Tode verurteilt, wurde Adler 1917 zu lebenslanger Haft begnadigt und am letzten Tag der Donaumonarchie aus dem Zuchthaus Stein entlassen.

Friedrich Adler war ein Held der jungen Republik. Lenin bot ihm die Führung der neuen „Kommunistischen Partei Deutsch-Österreichs“ (KPDÖ) an – er lehnte ab.

Aber Adler war ein schwieriger Held, der es seinen Genossen nicht leicht machte. Viel zu lasch war dem Parteisekretär der Widerstand der österreichischen Sozialdemokraten gegen die habsburgische Kriegspolitik gewesen. Mit Karl Renner, dem ersten Staatskanzler, kam er gar nicht zurecht, ihn hatte er 1917 in seiner Verteidigungsrede vor Gericht scharf angegriffen.

Adler sei ein wenig meschugge, flüsterte man bei den Sozialdemokraten, ein wenig verrückt.

Die Partei war froh, als sie Friedrich Adler als Generalsekretär der Internationale unterbrachte. Damit war er außer Landes. Einmal noch leistete er der österreichischen Sozialdemokratie einen großen Dienst: 1933 rettete Adler das Parteivermögen vor der Beschlagnahmung durch die Dollfuß-Regierung, indem er zuerst in Amsterdam und dann in London geheime Konten einrichtete.

Am Tag, an dem die deutschen Truppen in Belgien einfallen, ist Adler gerade in Paris, um mit dem französischen Sozialistenführer Léon Blum die Situation zu besprechen. Er will noch rasch zurück nach Brüssel, um alle Dokumente aus dem Sekretariat der Internationale in Sicherheit zu bringen. Aber es gibt keine Zugsverbindungen mehr, die Bahn steht ausschließlich in den Diensten des Militärs. Adlers Frau Katja kann Brüssel gerade noch mit dem letzten Zug Richtung Paris verlassen.

Die Gestapo besetzt sofort nach der Einnahme Brüssels das Büro der Internationale und Adlers Privatwohnung. Sein gesamter Besitz und seine Bibliothek werden beschlagnahmt. Die Nazis suchen nach Listen mit den Namen sozialistischer Emigranten. Erfolglos: Adler hatte sie schon ein Jahr zuvor beseitigt.

Die Wehrmacht stößt weiter vor. An der Kanalküste kesselt sie bei Dünkirchen rund 250 000 britische und 120 000 französische Soldaten ein. Dem Großteil von ihnen gelingt in einer spektakulären Evakuierungsaktion, an der sich auch Tausende private Fischerboote beteiligen, die Überfahrt nach England. Britische Kriegsschiffe sichern den Rückzug. Erleichtert wird die militärische Massenflucht durch dichten Nebel, der sich über die Kanalküste legt. Die schweren Waffen werden zurückgelassen, sie sind zu groß für die kleinen Boote.

Die geretteten Franzosen werden 1944 den Kern jener Exilarmee bilden, die nach der Landung in der Normandie zur Befreiung Frankreichs beitragen wird. Aber diese beginnt erst auf den Tag genau vier Jahre später. Jetzt, am 5. Juni 1940, beginnt Nazi-Deutschland seinen Sturm auf Frankreich.

Paris, 14. Juni 1940

DIE WEHRMACHT STEHT VOR DER STADT

Der Arzt und Schriftsteller Ernst Weiß sitzt an diesem Tag vor dem Einmarsch der Deutschen in einem Pariser Hotel. Weiß hatte in Wien am Wiedener Spital gearbeitet und war dann Schiffsarzt des österreichischen Lloyd gewesen. Nach dem Weltkrieg ging er nach Berlin, lebte in einem Haus mit seinem Freund Ödön von Horváth und arbeitete als Lektor in mehreren Verlagen. Er selbst schrieb unablässig an Romanen. „Die Galeere" und „Der Kampf" erschienen im Verlag S. Fischer in Berlin und wurden ansehnliche Erfolge. Drei Tage vor der Machtübernahme Hitlers verließ Weiß im Jänner 1933 Deutschland Richtung Paris.

Er schrieb dort zwar für mehrere Emigranten-Zeitschriften, leben konnte er davon aber nicht. Immer wieder ließen ihm seine beiden großen Förderer, Stefan Zweig und Thomas Mann, etwas Geld zukommen. Sie schätzten seine Arbeit und Weiß hatte je einen Roman Zweig und Mann gewidmet.

Am Tag bevor die Deutschen Paris einnehmen, injiziert sich der unglückliche Emigrant in seinem Hotelzimmer eine Überdosis Morphium, setzt sich dabei, um sicherzugehen, in die Badewanne und schneidet sich mit letzter Kraft die Pulsadern auf. Anna Seghers, auch sie ist in Frankreich auf der Flucht, wird später den Selbstmord von Ernst Weiß, in ihrem Roman „Transit" literarisch verarbeiten.

Wer kann, flieht jetzt aus Paris Richtung Süden.

Auch der Kabarettist und Schauspieler Oskar Karlweis, der in den vergangenen Monaten in Paris mit dem ebenfalls aus Wien geflüchteten Karl Farkas aufgetreten war, macht sich auf den Weg.

Farkas war wie 2000 andere Flüchtlinge aus Deutschland und Österreich, nach dem Beginn des Kriegs im Herbst 1939 in ein Internie-

Karl Farkas (x) 1939 im Internierungslager
Er musste ohne seine Familie fliehen. Frau und Sohn überlebten in Böhmen.

rungslager für „feindliche Ausländer" gesteckt worden, ins Camp de Meslay-du-Maine.

Er trifft hier einen alten Bekannten aus Wien, seinen Schauspielerkollegen Leon Askin (eigentlich Aschkenasy). Leon ist jetzt 34 und hat schon eine schöne Karriere hinter sich. Begonnen hat er als Eleve bei Max Reinhardt am Theater in der Josefstadt, danach spielte er bei Walter Bruno Iltz in Düsseldorf. Großen Erfolg hatte er dort in Gerhard Hauptmanns „Die Weber".

Jetzt ist Leon Askin mit Karl Farkas unter entsetzlichen Bedingungen im Internierungslager ein Stück westlich von Paris, hat aber mehr Glück als sein Kollege vom Kabarett: Er bekommt ein Visum für die Vereinigten Staaten und wird im Frühjahr 1940 entlassen. Seine Eltern werden etwa zur selben Zeit aus Wien nach Theresienstadt verschleppt und dort später ermordet.

Karl Farkas kommt erst aus dem Internierungslager frei, als die Deutschen in Richtung Frankreich vorrücken. Er muss von dort weg, aber er hat große Probleme: Farkas hat kein Affidavit für die USA, also keine eidesstattliche Erklärung eines Freundes oder einer Institution, notfalls für ihn zu sorgen. Ohne Affidavit kein Aufenthalt. Die USA weigern sich außerdem, seinem nach einer Gehirnhautentzündung behinderten Sohn Robert, er ist zwölf, ein Visum auszustellen. Farkas' Frau Anny, sie ist keine Jüdin, beschwört Karl, allein zu gehen. Sie ist panisch: Farkas' kongenialer Bühnenpartner Fritz Grünbaum, der Wien nicht rechtzeitig verlassen konnte, war schon im Mai 1938 nach Dachau und schließlich ins KZ Buchenwald gebracht worden, das er nicht überleben sollte.

Der unglückliche Karl Farkas macht sich also allein auf den langen Weg. Anny Farkas überdauert den Krieg mit ihrem Sohn in der böhmischen Kleinstadt Bresnitz, aus der ihre Eltern stammen.

Friedrich Torberg (1908–1979), der zwei Tage vor dem Eintreffen der NS-Truppen aus Paris Richtung Bordeaux flüchtet, ist einer jener verfemten Schriftsteller, deren Bücher SA-Männer und Hitler-Jungen auf den Scheiterhaufen des Dritten Reichs verbrannt hatten. Gleich Torbergs erster Roman „Der Schüler Gerber“, den sein Förderer Max Brod 1930 im Verlag Paul Zsolnay untergebracht hatte, war ein Erfolg geworden. Als die Nazis im März 1938 Österreich annektierten, war Torberg gerade in Prag. Er floh in die Schweiz, versuchte in Zürich Fuß zu fassen, bekam allerdings seine Aufenthaltsgenehmigung nicht verlängert.

Torbergs nächste Station war Paris, wo gerade Otto Habsburg Hof hielt, in dessen Dunstkreis mit der „Österreichischen Post“ sogar eine monarchistische Emigrantenzeitung erschien. Torberg lästerte zwar über das Blatt *(„Ein wüster Wust von Dummheit, moral insanity und politischer Verblödung“)*, veröffentlichte in der „Österreichischen Post“ aber dennoch Auszüge aus seinem im Juni 1939 fertiggestellten Roman „Die versunkene Stadt“.

Im Sommer 1939 ging Torberg nach Südfrankreich. Die Nachricht vom Hitler-Stalin-Pakt erreichte ihn in Nizza. Sie war Wasser auf den Mühlen des seit jeher entschlossenen Antikommunisten Torberg. In einem Brief an Freunde in den USA schrieb er: *„Die Fotografien vom Händedruck Ribbentrop-Stalin werdet ihr sicher auch zu Gesicht be-*

kommen haben und das Hakenkreuz am Moskauer Flughafen auch. No also!"

Torberg meldete sich freiwillig bei der nach der Besetzung Tschechiens aufgestellten Exilarmee (als gebürtiger Prager war er tschechischer Staatsbürger). Allerdings zeigte sich bald, dass der kettenrauchende Schriftsteller wegen eines Herzfehlers nicht kampftauglich war. Torberg wurde in die Schreibstube versetzt. Im Mai 1940, Frankreich mobilisierte gegen den drohenden Einmarsch der Wehrmacht, wurden nur kleine Teile der in Agde nahe Marseille stationierten Exilarmee an der Seite der Franzosen eingesetzt.

Gegen die Deutschen waren die Exil-Tschechen chancenlos: Viele der Männer waren untrainiert und mit nur wenig Munition in den Kampf gegen die Wehrmacht geschickt worden. Später evakuierte die britische Marine die überlebenden Soldaten der Exilarmee aus Südfrankreich nach England.

Torberg kehrt überstürzt in die Hauptstadt Paris zurück, um seine Habseligkeiten abzuholen. Am 12. Juni, zwei Tage vor der Einnahme der Stadt, verlässt er Paris. Gemeinsam mit drei anderen Emigranten chartert er ein Auto, das die kleine Flüchtlingsgruppe auf die einzige noch offene Ausfallstraße nach Süden, die Route d' Orléans, bringt. Aber sie ist völlig verstopft. *„Die Autos fuhren in vier Kolonnen nebeneinander, in der Mitte ein Militärtransporter mit riesigen Kamions, an der einen Seite Radfahrer, an der anderen Fußgänger mit kleinen Bündeln"*, schreibt Torberg.

Am ersten Tag kommen sie nur 20 Kilometer voran. Auf der Flucht trifft die kleine Gruppe um Friedrich Torberg auch hilfsbereite Franzosen: *„Die Leute zogen die Matratzen aus ihren eigenen Betten, damit wir irgendwo schlafen können. Und vor allem: Sie waren bereit, uns vor den Behörden zu verstecken."* Viele andere Flüchtlinge übernachten im Freien oder in abgestellten Eisenbahnwaggons.

Schließlich erreichen sie Bordeaux, wo Torberg Oskar Karlweis trifft. Er trennt sich von seiner Gruppe und zieht mit dem Freund aus Wien weiter.

Seinen um 14 Jahre älteren Fluchtgefährten schätzt der 32-jährige Torberg sehr. Später schrieb er über diese Tage mit Karlweis: *„Einen*

Abend privat mit ihm zu verbringen, wog, wenn er in Form war, zehn Kabarettbesuche auf. Wenn er nicht in Form war, dann allerdings nur neun. Ich weiß nicht, wie ich über diese trost- und hoffnungslose Zeit hinweggekommen wäre ohne den tröstlichen und hoffnungsfrohen Humor, den Oskar Karlweis ausstrahlte."

Karlweis, geboren 1894 in der Wienerwald-Gemeinde Hinterbrühl bei Mödling, war ein auch in Deutschland bekannter und beliebter Schauspieler. Entdeckt von Max Reinhardt für das Theater in der Josefstadt ging Karlweis 1927 an das Deutsche Theater in Berlin, wo er nicht nur als Darsteller, sondern auch als Sänger und Tänzer auftrat. Mit den deutschen Superstars Willy Fritsch und Heinz Rühmann spielte er 1931 im Film „Die Drei von der Tankstelle". Der Film wurde zu einem der größten Publikumserfolge der Zwischenkriegszeit. Die Musik stammte von Werner Richard Heymann und alle sangen mit: „Liebling, mein Herz lässt dich grüßen" oder „Ein Freund, ein guter Freund". Für die „Comedian Harmonists", die deutschen A-Cappella-Stars der 1920er-Jahre, schrieb Heymann seherisch das Lied „Irgendwo auf der Welt gibt's ein kleines Stückchen Glück". Der Komponist dieser Gassenhauer wurde, weil jüdisch, 1933 als Generalmusikdirektor der deutschen Filmfirma UFA abgesetzt. Heymann wanderte über Paris in die USA aus. Seine Filmmusik wurde später mehrmals für den Oscar nominiert.

Der Erfolg von „Die Drei von der Tankstelle" änderte nichts daran, dass Oskar Karlweis als Jude in Deutschland Auftrittsverbot bekam, nachdem die Nazis 1933 die Macht übernommen hatten. Zurück im heimatlichen Wien spielte er wieder in der Josefstadt. Als die Nazis auch hier einfielen, ging er mit Karl Farkas über die Schweiz nach Paris.

Und nun, in diesem Juni 1940, ist er wieder auf der Flucht.

Die 15-jährige Sophie Freud und ihre Mutter Esti verlassen überstürzt auf ihren Fahrrädern Paris. Sophie ist die Enkelin Sigmund Freuds, dessen Sohn Martin ist ihr Vater. Martin Freud ist mit seinen zwei Geschwistern beim Großvater in London. Die Eltern haben sich getrennt. Sophie Freud lebt seit einem Jahr mit ihrer Mutter in Paris. Als Sophie mit ihrem Fahrrad die Pariser Stadtgrenze Richtung Süden überquert, weiß sie noch nicht, dass ihre Flucht zwei Jahre dauern wird. Diese wird sie über Nizza, Casablanca und Martinique führen, bevor sie 1942 endlich in Boston ihre neue Heimat finden wird. Mit ihrer Mutter, einer verbitterten Frau, habe sie sich in diesen dramatischen Jahren der gemeinsamen Flucht nie verstanden, schreibt Sophie Freud später.

In einem Viehwaggon verlassen jetzt auch Walter Mehring und Hertha Pauli die Stadt. Der Satiriker Mehring, 44, ist ein besonderes Feindbild der Nazis. Joseph Goebbels persönlich hatte schon 1929 in der NS-Zeitschrift „Angriff" unter dem Titel „An den Galgen!" einen langen Hetzartikel gegen den verhassten Autor verfasst. Mehring war neben Kurt Tucholsky einer der Gründer des politisch-literarischen Kabaretts in Berlin gewesen, das hingebungsvoll über die aufsteigenden Nazis spöttelte.

Ein Jahr vor dieser Flucht aus der Stadt saß Mehring eben in seiner Dachkammer im Pariser „Hotels de l'Univers" , als Hertha Pauli ins Zimmer gestürzt kam und ihm erzählte, ihr gemeinsamer Freund Ödön von Horváth sei eben von einem Ast erschlagen worden.

In sein Schreibheft trug Mehring daraufhin ein:

„Doch Horváth, den ein Baum erschlug,
Damit solch Kleinod im Exil
Den Säuen nicht zum Fraße fiel,
Starb ganz er selbst: ein Satyr-Spuk."

Seine Fluchtgefährtin Hertha Pauli ist Schauspielerin, 31 Jahre alt, und sie kommt aus dem vornehmen „Cottage"-Viertel in Wien-Währing: Der Großvater war Schriftsteller, der Vater lehrte Biochemie an der Wiener Universität, die Mutter war Journalistin bei der „Neuen Freien Presse".

Herthas Bruder Wolfgang ist schon in den USA. Die Princeton-University hatte ihm sofort ein Affidavit geschickt, nachdem sie gehört hatte, Pauli sei als „Dreiviertel-Jude" in höchster Gefahr. Wolfgang Pauli hatte 1929 mit seinem Physiker-Kollegen Werner Heisenberg die Quantenfeld-Theorie entwickelt – eine in Fachkreisen großes Aufsehen erregende Entdeckung, die 1945 mit dem Physik-Nobelpreis ausgezeichnet wurde.

Wenige Tage vor der überstürzten Abreise aus Paris haben Hertha Pauli, Walter Mehring sowie der den Tod einer weiteren Flucht vorziehende und daher mit einer Überdosis Morphium aus dem Leben geschiedene Ernst Weiß noch ein verzweifeltes Telegramm mit der dringenden Bitte um Hilfe an Thomas Mann in New York abgesetzt. Mann ist der große Dichterfürst dieser Zeit, der „Praeceptor Germaniae", wie er sich selbst gerne nennt. Von ihm erhoffen sich die verzweifelten Flüchtlinge Hilfe – auch wenn sie sich nicht vorstellen können, worin diese bestehen könnte.

Dennoch sollte diese Depesche in den folgenden Wochen eine entscheidende Rolle spielen und tausenden Menschen das Leben retten. Aber Hertha Pauli und Walter Mehring wissen an diesem dramatischen Juni-Tag des Jahres 1940, an dem sie Paris verlassen, nicht einmal, ob ihr Telegramm Thomas Mann erreicht hat.

Auch Alfred Polgar und seine Frau Lisl packen in ihrer Wohnung im 16. Pariser Arrondissement das Nötigste zusammen. Ein Freund nimmt sie und den ebenfalls aus Wien stammenden Sportjournalisten Paul Schneeberger mit dem Auto Richtung Süden mit, weg von den einrückenden Nazis. *„Alles, bis auf's letzte Stückchen Garderobe und das letzte Blättchen, Bücher etc. blieb zurück"*, schreibt Polgar wenige Tage später auf: *„Sieben Koffer, die wir wohl kaum jemals wiedersehen werden, womit wir dann zum zweiten Mal unser gesamtes Hab und Gut verloren hätten."* Gerettet hat Alfred Polgar ein Manuskript für ein geplantes Buch über Marlene Dietrich. Er hatte es 1937 geschrieben. Erst 1984 wird es in seinem Nachlass entdeckt und 2015 postum veröffentlicht.

Alfred Döblin hat Paris mit seiner Frau Charlotte und seinem jüngsten Sohn Stefan schon einige Tage vor dem Fall der Stadt verlassen. Den Moment der Entscheidung, Richtung Süden zu fliehen, beschreibt Döblin in seinem noch im selben Jahr 1940 begonnenen Roman „Schicksalsreise" so: *„Ich schloss vormittags eine Arbeit ab, die mich schon lange beschäftigt hatte. Das Radio tönte aus dem Nebenzimmer. Der Ansager meldete, die „Tasche" an der Nordfront der französischen Armee hätte nicht geschlossen werden können. Die Meldung sagte nichts von einem Durchbruch, von einem Zerreißen der Front,* *aber wer Ohren hatte zu hören, hörte. Die Feder wurde mir aus der Hand geschlagen.*"

Und wieder einmal hätten sie sich „gehäutet" wie ein Tier, erzählt Döblin später: *„So sah auf dieser Flucht unsere Habe aus: Ein großer Koffer, zwei kleine und der Rucksack. Wir hatten alles von uns geworfen: Die Möbel einer ganzen Wohnung, die Bibliothek, dann die Wäsche, Kleidungsstücke, einen restlichen Bücherbestand. Wir schrumpften immer mehr auf das direkt Tragbare ein. Aber wir trugen noch zu viel.*"

Döblin war drei Wochen nach dem fatalen 30. Jänner 1933, an dem Adolf Hitler Reichskanzler wurde, aus Deutschland abgereist. Der 1878 im preußischen Stettin geborene Autor aus ärmlichen Verhältnissen hatte Medizin studiert und war eigentlich Arzt. Während des Ersten Weltkriegs hatte Döblin in einem Lazarett an der Westfront gearbeitet, sich nach dem Krieg aber ausschließlich auf die Schriftstellerei verlegt.

Nach 1918 war Alfred Döblin Mitglied der USPD gewesen, einer linken Abspaltung der Sozialdemokraten. Sein größter literarischer Erfolg war ihm 1929 mit dem Großstadt-Roman „Berlin Alexanderplatz" gelungen, einem Hauptwerk der deutschen Moderne der Zwischenkriegszeit.

Die Familie Döblin hatte schon 1936 die französische Staatsbürgerschaft angenommen. Die beiden erwachsenen Söhne Wolfgang und Klaus müssen daher beim Anrücken der Deutschen im Mai 1940 als französische Soldaten an die Front, nur der jüngste Sohn Stefan ist mit den Eltern auf der Flucht.

Die erste Station nach Paris ist Tours im Loiretal, wo die Döblins nach zehnstündiger Zugfahrt ankommen, obwohl Tours nur 230 Kilometer südlich der Hauptstadt liegt. *„Die Stadt schluckte Flüchtlingsscharen*", schrieb Döblin später. *„Wir waren die ersten gewesen, jetzt kam das Gros. Eine unglaubliche Menschenfülle wurde über die Stadt geschüttet. Die Straßen wurden Tag und Nacht nicht leer.*" Im Hotel können sie nur eine Nacht lang bleiben, dann müssen sie Platz machen. Der 62-jährige Döblin entdeckt am Rand der Stadt ein Bauernhaus mit einem Stall. *„Wir klopften und klingelten, in dem Häuschen* *schlief man sehr fest. Man öffnete, das kleine Häuschen sah selbst wie ein lieber Stall aus. Man gab mir auch Stroh.“*

Am nächsten Tag wird die Flucht in einem Viehwaggon fortgesetzt. „*Wir bewohnten den Wagen drei Tage und drei Nächte. Gelegentlich fuhr der Zug, gelegentlich nicht; niemand kam hinter sein Geheimnis. Wir waren vierzig Personen in einem Wagen, etwas mehr weibliche als männliche.“*

Die Döblins wissen nicht, dass ihr ältester Sohn Wolfgang zu diesem Zeitpunkt nicht mehr lebt: Seine Armeeeinheit war überrannt worden, auf der Flucht vor den Deutschen beging Wolfgang Döblin Selbstmord. Seine Eltern werden erst nach Kriegsende von seinem Schicksal erfahren.

Dann rollen die Panzer der Wehrmacht in die Stadt, Paris wird zur „offenen Stadt“ erklärt und den deutschen Besatzern kampflos übergeben.

Der 18-jährige Spanienkämpfer Hans Landauer (1921–2014) aus dem niederösterreichischen Oberwaltersdorf ist die Flucht aus einem Internierungslager am Rande der Pyrenäen nach Paris gelungen. Er glaubt sich in der Hauptstadt besser durchschlagen zu können – ein Fehler mit schwerwiegenden Folgen. Landauer wird von der Gestapo verhaftet. Nach der Überstellung in das Wiener Gefangenenhaus an der Rossauer Lände wird er im Juni 1941 in das KZ Dachau eingeliefert. Er überlebt und macht sich später in Österreich als Historiker des Spanischen Bürgerkriegs einen Namen.

Franz Werfel und seine Frau Alma sind an diesem 14. Juni 1940 in Marseille, als sie die Nachricht von der bevorstehenden Besetzung von Paris über das Radio erreicht. Es gibt Gerüchte, dass die Deutschen auf Marseille zu marschieren. Franz und Alma Werfel heuern einen Fahrer an, um in den Westen Frankreichs zu gelangen, nach Bordeaux, wo derzeit auch die reguläre französische Regierung Zuflucht nimmt.

Die hektische Abreise aus Marseille steht unter keinem guten Stern: Zuerst verfährt sich der Chauffeur, dann bricht der Wagen zusammen. Schnell holt die Wirklichkeit des Flüchtlingslebens die Werfels ein, die gerade noch in einer geschmackvollen Villa an der französischen Riviera residiert haben. Alma berichtet später: „*Es war unterdessen elf Uhr abends geworden. Von Hotel zu Hotel in Narbonne abgewiesen, fanden wir auf der Straße ein paar alte Frauen, die Mitleid mit uns hatten und uns an ein Spital wiesen. Wir bekamen schließlich Betten in einem ehemaligen Kinderspital, jetzt Flüchtlingsheim. Franz Werfel hatte sich in ein Zimmer mit Männern und Knaben zu legen, ich mich zu Weibern und Kindern. Es grauste mir vor dieser Pritsche, ohne Decken, ohne Polster, vor diesem Schmutz. Aber wir waren halbtot und schliefen schnell ein. Bald aber wurden wir durch ein markerschütterndes Geheul eines Weibes geweckt, das vermeinte, wieder inmitten eines Bombardements zu sein.*"

Die beiden hadern mit sich, weil sie 1938 die Chance auf eine Einreise in den USA hatten, diese aber nicht wahrnahmen: Franz Werfel wollte abwarten, ob sich die Lage nicht doch wieder einigermaßen normalisierte. Jetzt ist es zu spät: Das USA-Visum hat mittlerweile seine Gültigkeit verloren.

Am nächsten Tag stranden die Werfels in Carcassonne, von wo um zwei Uhr nachts ein Zug nach Bordeaux gehen soll. „*Der Zug kam gegen Morgen und war so voll, dass man keine Tür öffnen konnte. In den Aborten war das Gepäck bis zur Decke geschlichtet, auch hier war keine Tür auf- oder zuzumachen. Man stand aneinander gequetscht oder versuchte, sich unter dem Hosenboden eines schlecht riechenden Soldaten auf irgendein Gepäckstück zu setzen.*" Erst am nächsten Abend erreicht der immer wieder auf der Strecke anhaltende Zug Bordeaux.

Die Stadt in Frankreichs Südwesten ist in der Nacht bombardiert worden. Am Bahnhof warten hunderte Leute, die wieder zurück ins Landesinnere wollen. Alma Mahler-Werfel schreibt später: „*Alles war außer Rand und Band. Ein alter Bekannter sichtete uns und raunte uns zu ‚Retten Sie sich, Bordeaux ist eine Hölle!'. Ja retten, aber wie? Und wohin?*"

Die Werfels übernachten in einem wegen der Bombenangriffe verlassenen Bordell. In Biarritz nahe der spanischen Grenze, wohin man sich am nächsten Tag in Taxis durchschlägt, verspricht ein Mann auf der Straße Werfel ein Visum für Spanien gegen Vorabkasse. Werfel zahlt, der Mann taucht nicht mehr auf. Franz Werfel will nun im

Grenzort Hendaye, dem südwestlichsten Ort Frankreichs, Papiere ergattern. Er scheitert. Nun spricht sich herum, dass die Deutschen in Kürze die gesamte Atlantikküste besetzen werden. Jetzt fliehen wieder alle ins Landesinnere. Der herzkranke Werfel wird von Weinkrämpfen geschüttelt. *„Und der Regen regnete jeden Tag"*, beschrieb Alma Mahler-Werfel später die Lage.

Die Flucht wird in einem mit fünf Personen besetzten Taxi fortgesetzt. Eine Woche nach der Einnahme von Paris sind die Werfels im Wallfahrtsort Lourdes. *„Unser Zimmer war unbeschreiblich. Es ging auf ein Glasdach, auf das der Unrat der oberen Stockwerke abgeworfen wurde. Es war so groß wie ein WC und in dieser ärmlichen Klause wohnten wir nun vierzehn Tage."* In Lourdes kaufen die beiden alle Broschüren und Andenken, die mit der heiligen Bernadette zu tun haben. Der kleinen Bernadette Soubirous (1844–1879) soll 1858 mehrmals die heilige Maria erschienen sein, was Lourdes zum Wallfahrtsort machte. Werfel fasst einen Entschluss: Wenn er aus all dem heil herauskommt, will er ein Buch über Bernadette schreiben: *„Ich werde das Lied von Bernadette singen, so gut ich es kann."* Er besucht auch immer wieder die Grotte, in der es die Marienerscheinung gegeben haben soll, und trinkt aus der dort entspringenden Quelle. Auch Franz Werfel erhofft sich ein Wunder – die Rettung vor den ihn verfolgenden Nationalsozialisten.

Im Vorwort zum erst in den USA fertiggestellten Buch „Das Lied von Bernadette" wird Werfel die dramatischen Tage in Südfrankreich des Juni 1940 rekapitulieren: *„Die Millionen dieser seltsamen Völkerwanderung irrten auf den Landstraßen umher und verstopften die Städte und Dörfer: Franzosen, Belgier, Holländer, Polen, Tschechen, Österreicher, exilierte Deutsche und dazwischen die Soldaten der geschlagenen Armeen [...] In endlosen Reihen standen die mit Hausrat, Matratzen, Betten hochbeladenen Autos der Flüchtlinge unbeweglich, denn Treibstoff war nicht mehr vorhanden."*

Am Tag der Besetzung von Paris meldet sich auch eine Stimme aus der Vergangenheit zu Wort. Der 1918 verjagte deutsche Kaiser Wilhelm II. (1859–1941) schickt aus seinem Exil in Doorn, nahe Utrecht, ein Glückwunschtelegramm an Adolf Hitler, in dem es heißt:

„Unter dem tiefgreifenden Eindruck der Waffenstreckung Frankreichs beglückwünsche ich Sie und die gesamte Wehrmacht zu dem von Gott geschenkten gewaltigen Sieg.“

Und noch etwas geschah an diesem 14. Juni 1940, an dem die Wehrmacht in Paris einrückt: Gut 1000 Kilometer weiter östlich, im polnischen Auschwitz, werden die ersten Häftlinge in ehemalige Armeekasernen am Rande der Stadt eingeliefert. Es sind 728 politische Gefangene aus Polen.

Compiègne, 22. Juni 1940

EIN SCHRECKLICHER WAFFENSTILLSTAND

Es sollte alles so sein wie im November 1918. Damals hatte der französische Marschall Ferdinand Foch in einem Speisewagen der Eisenbahn auf einer Waldlichtung bei Compiègne, eine Autostunde nördlich von Paris, Deutschland die Bedingungen für einen Waffenstillstand diktiert.

An diesem 22. Juni 1940 – Paris war seit einer Woche besetzt – ließ Hitler den Waggon mit der Nummer 2419D aus dem Armeemuseum holen und an derselben Lichtung, genau am selben Schienenstück, wieder aufstellen. Aber jetzt diktieren nicht die Franzosen, sondern Hitlers

Waffenstillstands-Unterzeichnung, 22. Juni 1940
Hitler ließ jenen Waggon aus dem Depot holen, in dem Deutschland 1918 kapituliert hatte.

Generaloberst Wilhelm von Keitel stellt dem französischen Oberkommandierenden, General Charles Huntziger, die Bedingungen.
Solche Symbolik begleitet nun schon seit Jahrzehnten das Kräftemessen zwischen Paris und Berlin. 1871 wurde nach dem Sieg im deutsch-französischen Krieg – Frankreich verlor Elsass-Lothringen – unter der Regie Wilhelm von Bismarcks im Spiegelsaal von Versailles das geeinigte Deutsche Kaiserreich ausgerufen. Knapp ein halbes Jahrhundert später, im Juni 1919, erlegten die siegreichen Alliierten den Deutschen harte Friedensbedingungen auf – natürlich im selben Spiegelsaal. Der Vertrag von Versailles sah für Deutschland Gebietsabtretungen, Demobilisierung des Heeres und Reparationszahlungen an die Siegermächte vor.

Hatte Frankreich den Deutschen im Ersten Weltkrieg in einem opferreichen Stellungskrieg jahrelang standgehalten, war die Front in diesem Frühsommer 1940 innerhalb von wenigen Wochen zusammengebrochen. Die Armeeführung hatte versagt und das Tempo des deutschen Angriffs völlig unterschätzt.

Wie die meisten Exilanten flieht jetzt auch die französische Regierung von Paris in Richtung Süden und nimmt vorerst in Bordeaux Quartier. Der konservative Ministerpräsident Paul Reynaud will den Krieg fortsetzen, bekommt dafür aber keine Mehrheit in seinem Kabinett. Er tritt noch am selben Tag, dem 16. Juni 1940, zurück und übergibt die Regierungsgeschäfte seinem Stellvertreter, dem inzwischen 84-jährigen Philipp Pétain (1856–1951). Pétain war im Ersten Weltkrieg einer der populärsten Militärs Frankreichs gewesen, der „Held von Verdun". 1917 übernahm er das Oberkommando über die Armee. Nach Kriegsende ernannte ihn die Nationalversammlung per Dekret zum Marschall von Frankreich, die höchste militärische Auszeichnung der Grande Nation.

Jetzt wendet sich der neue Regierungschef Pétain von Bordeaux aus in einer Radioansprache an das französische Volk und bekennt die Niederlage ein: *„Ich habe mich diese Nacht an den Gegner gewendet, um ihn zu fragen, ob er bereit ist, zusammen mit uns, unter Soldaten, nach dem Kampf und in Ehre, die Mittel zu suchen, um den Feindseligkeiten ein Ende zu setzen."*

Sechs Tage später, am 22. Juni, wird im historischen Eisenbahnwaggon der Waffenstillstand unterzeichnet.

Die von Hitler diktierten Bedingungen sind gnadenlos: Die Regierung des greisen Marschall Pétain darf nur 40 Prozent des Staatsgebiets behalten. Die Demarkationslinie verläuft von der schweizerischen bis zu spanischen Grenze, die gesamte Atlantikküste Frankreichs wird von den Deutschen kontrolliert. Auch die wichtigsten Industriestädte und die Bergbaugebiete liegen in der besetzten Zone, sie wird unter Militärverwaltung gestellt. Die französische Armee wird demobilisiert.

Für die Flüchtlinge ist vor allem Artikel 19 des Waffenstillstands-Abkommens von Bedeutung. Darin heißt es: *„Freilassung aller Kriegs- und Zivilgefangenen durch Frankreich. Die französische Regierung ist verpflichtet, alle in Frankreich sowie den französischen Besitzungen usw. befindlichen Deutschen auf Verlangen auszuliefern."* Das Asylrecht gilt damit also auch im noch unbesetzten Teil Frankreichs nicht mehr.

In Emigrantenkreisen entstehen jetzt Gerüchte: Die deutschen Besatzer hätten der Pétain-Regierung Auslieferungslisten übergeben, auf denen bis zu 20 000 Namen vermerkt seien, heißt es; auf etliche Flüchtlinge seien sogar Kopfgelder ausgesetzt; und die französische Regierung habe all dem zugestimmt. England wolle Frieden mit Deutschland machen, wird unter den Richtung Süden ziehenden Flüchtlingen gemunkelt. Auch alle Internierungslager, in denen noch immer tausende deutsche, österreichische, polnische und böhmische Juden, Spanienkämpfer und politisch Verfolgte sitzen, würden der SS übergeben, befürchtet man.

Viele der Ondits erweisen sich glücklicherweise als falsch. Fast alle Internierungscamps werden vor der Übergabe an die Deutschen geräumt, meist waren ihre Insassen ohnehin aus den kaum noch bewachten Lagern geflohen. Jetzt sind auch sie auf dem Weg in den Süden, wenn sich das Lager, in dem sie interniert waren, nicht ohnehin in Südfrankreich befindet.

Da die Wehrmacht auch die Küste im Südwesten besetzt, übersiedelt Pétains Regierung nach Vichy im geografischen Zentrum Frankreichs, knapp südlich der Demarkationslinie.

General Charles de Gaulle, 49, in der letzten regulären Regierung Staatssekretär, hatte bei den Beratungen in Bordeaux ebenso wie Ministerpräsident Reynaud für die Fortsetzung des Kampfes gegen das Deutsche Reich plädiert. Als dies keine Mehrheit fand, war de Gaulle nach Großbritannien geflüchtet und hatte am 18. Juni über den französischsprachigen BBC-Sender einen Aufruf an die Franzosen gerichtet, dass sie den Kampf nicht aufgeben und französische Soldaten, Offiziere, Handwerker und Facharbeiter sich bei ihm in London melden sollten.

Die von General de Gaulle gegründeten „Forces françaises libres" werden Ende Juli 1940 mit einer Stärke von etwa 7000 Mann in die britische Armee eingegliedert. Pétain lässt seinen ehemaligen Regierungskollegen de Gaulle wegen Landesverrats in Abwesenheit zum Tode verurteilen.

Noch im Juli 1940 übernimmt Pétains neue Vichy-Regierung das Camp les Milles nahe Aix-en-Provence, in dem neben den „Staatsfeinden" („Internierte: 152, darunter 55 Arier", meldet der deutsche Kontrolloffizier an die Heeresleitung) im Oktober 1940 einige hundert aus Südwestdeutschland ausgesiedelte Juden interniert werden.

Etwa 20 Kilometer nordöstlich von Paris hatte die noch einigermaßen demokratische Regierung 1939 im Lager Drancy „militante Kommunisten" interniert. Im Juli 1940 übernimmt nun die deutsche Wehrmacht das Lager und bringt französische Kriegsgefangene hierher. Ab Spätsommer 1941 werden Juden aus ganz Frankreich in Drancy zusammengetrieben. Allein im August 1941 holen Gestapo und SS 4000 Pariser Juden aus ihren Wohnungen und bringen sie ins Lager Drancy. Mit Einwilligung von Marschall Pétain werden Juden auch im nicht besetzten Teil Frankreichs aus ihren Häusern verjagt und in die Lager abtransportiert. Im August und September 1942 willigt Pétain ein, Nazi-Deutschland 10 000 ausländische Juden auszuliefern. Fast alle nach Drancy Deportierten sind Flüchtlinge aus den von Nazi-Deutschland besetzten Gebieten.

Drancy liegt in der Nähe eines großen Verschiebebahnhofes, was die spätere Verschickung in die Vernichtungslager Osteuropas erleichtert.

Ab 1943 steht das Lager unter dem Kommando von SS-Hauptsturmführer Alois Brunner (1912–2001), geboren in Rohrbrunn im heutigen Burgenland, dem nach dem Zusammenbruch des Dritten Reichs die Flucht nach Syrien gelang. Der unter dem Schutz des syrischen Machthabers Hafez al-Assad stehende Brunner überlebte mehrere Attentatsversuche des israelischen Geheimdienstes.

SS-Obersturmführer Klaus Barbie, genannt der „Schlächter von Lyon", Jahrgang 1913, entführte alle jüdischen Kinder, die er bei Durchsuchungen französischer Kinderheime finden konnte, nach Drancy. Von dort wurden sie nach Auschwitz geschafft und ins Giftgas geschickt. In der Gestapo-Zentrale von Lyon ließ Barbie hunderte Menschen zu Tode foltern. Kurz vor dem Zusammenbruch ordnete er die Erschießung aller seiner französischen Helfer an, um die Spuren seiner sadistischen Grausamkeiten zu verwischen.

Bei Kriegsende tauchte er in Deutschland unter. Bald wurde der US-Geheimdienst CIC auf Barbie aufmerksam und heuerte ihn als Agenten im frühen Kalten Krieg an. Seine Auslieferung an Frankreich wurde auf diese Weise verhindert. 1951 verhalfen die Amerikaner Barbie unter dem neuen Namen Klaus Altmann zur Flucht nach Bolivien, wo er in die Dienste des Militärdiktators Hugo Banzer trat. Ihm half er 1967 beim Aufspüren des kubanischen Revolutionärs Ernesto „Che" Guevara. Ab 1970 war der Aufenthaltsort Barbies bekannt, mehrere Entführungsversuche des israelischen Geheimdienstes scheiterten aber.

Der deutsche Bundeskanzler Helmut Kohl lehnte ein Auslieferungsbegehren ab, weil er, vor einer Bundestagswahl stehend, eine Debatte über deutsche Kriegsverbrechen verhindern wollte. 1983 wurde der damals 70-jährige Barbie an Frankreich ausgeliefert und zu lebenslanger Haft verurteilt. Er starb 1991 im Gefängnis.

Obwohl das Grauen, das nun beginnen wird, in diesem Sommer 1940 noch nicht abzusehen ist, verbreitet sich der Text der Waffenstillstandsbedingungen aus dem Wald von Compiègne in den Tagen nach diesem 22. Juni unter den nach Süden stürmenden Flüchtlingen wie ein Lauffeuer. Sie wissen: Ab jetzt sind sie vogelfrei, abhängig vom guten Willen freiwilliger Helfer.

Montauban/Südfrankreich, Juli 1940

DIE ZWISCHENSTATION DER ERSCHÖPFTEN

In kaum einer anderen Gruppe von Menschen sprechen sich echte oder vermeintliche Überlebenschancen so schnell herum wie unter Flüchtenden, denen ihre Todfeinde auf den Fersen sind.

In diesem Hochsommer 1940, in dem mehr als 16 000 Flüchtlinge versuchen den Nazis zu entkommen, verbreiten sich Gerüchte über angeblich sichere Zufluchtsorte besonders rasant.

Vor allem der Name einer kleinen Stadt geht auf den Flüchtlingsrouten von Mund zu Mund: Montauban. Gelegen im französischen Süden, etwa auf halbem Weg zwischen Paris und Marseille (siehe Karte Seite 86), wird Montauban zum Zwischenziel der Verzweifelten. Hier gebe es für einige Zeit ein wenig Sicherheit, heißt es.

Aber warum gerade Montauban, eine keineswegs bedeutsame Stadt mit damals etwa 40 000 Einwohnern?

Mag sein, dass die Geschichte dieses Ortes damit zu tun hat. Montauban war im 16. Jahrhundert eine Hochburg der Hugenotten gewesen. Die calvinistischen Protestanten hatten die katholischen Kirchen gestürmt und ausgeplündert. Im Edikt von Nantes wurde den Hugenotten 1598 Religionsfreiheit gewährt. In Montauban etablierte sich eine kleine Hugenotten-Republik, die ab 1630 grausam rekatholisiert wurde. Ludwig XIV. hob schließlich 1685 das Edikt von Nantes auch offiziell wieder auf.

Die Französische Revolution wurde von den Bürgern Montaubans entsprechend begeistert begrüßt. Jetzt etablierten sich wieder die Calvinisten hier.

Montauban war also ein Ort, in dem Widerstand Tradition hatte. Ausgerechnet der zuständige katholische Bischof rief nun in diesem

Sommer 1940 die Klöster und Konvente dazu auf, jüdische Flüchtlinge zu beherbergen.

Bedeutsam für den Ruf Montaubans als einigermaßen sicherer Hafen für Flüchtlinge war nicht zuletzt der Umstand, dass die Stadt einen sozialistischen Bürgermeister hatte, der vom früheren Ministerpräsidenten Léon Blum überredet wurde, 200 Genossen aus Österreich zumindest vorübergehend aufzunehmen. Sofort übersiedelt auch die „Auslandsvertretung der österreichischen Sozialisten" (AVOES), der letzte Rest der einst so stolzen Sozialdemokratischen Partei, vom nicht mehr haltbaren Kurzzeitquartier in Paris hierher.

Angeführt wurde die freilich nur noch auf dem Papier bestehende AVOES von Friedrich Adler, dem Sohn des Parteigründers Victor Adler, der 1916 den österreichischen kriegstreiberischen Ministerpräsidenten Karl Graf Stürgkh erschossen hatte. Adler war 61 und seit 1924 Generalsekretär der Sozialistischen Arbeiter-Internationale (SAI). Die Internationale hatte ihren Sitz in Brüssel, das von der Wehrmacht ebenso überrannt wurde wie Paris.

Jetzt ist Friedrich Adler mit seiner Frau Katja ebenso auf der Flucht wie Tausende andere: Er sitzt in Montauban und weiß nicht weiter.

Kurz nach Adler treffen der ehemalige Chefredakteur der „Arbeiter Zeitung" Oscar Pollak und seine Frau Marianne in der Stadt ein. Sie waren schon 1934 aus Österreich emigriert, hatten bis 1938 bei Adler im Büro der Internationale in Brüssel gearbeitet und waren dann nach Paris geflohen. Pollak, ein über die Grenzen Österreichs hinaus bekannter Journalist, ist in einer günstigen Situation: Er könnte in die USA reisen, hat aber auch ein Visum für England, das ihm die Labour Party angeboten hat. Die Pollaks entscheiden sich für England.

Ein anderer prominenter Sozialdemokrat kommt nicht aus dem Norden, sondern aus dem Süden, aus dem Spanischen Bürgerkrieg: Es ist Julius Deutsch, 56, der Gründer und Kommandant des Republikanischen Schutzbundes, der Wehrformation der österreichischen Sozialdemokraten, die sich mit Heimwehr und Bundesheer im Februar 1934 heftige Kämpfe geliefert hatte.

Nach der Niederlage der österreichischen Sozialdemokraten war Deutsch nach Brünn geflohen und hatte danach bei den Anti-Franco-Truppen in Spanien als General gedient. Auch diesen Kampf hat er verloren.

Ende Juni 1940 kommt Wilhelm Ellenbogen in der Sozialistenzuflucht Montauban an. Ellenbogen ist 77 und ein sozialdemokratischer Pionier, der als junger Mann schon beim Gründungsparteitag in Hainfeld dabei war. Von 1901 bis 1918 saß er im alten Reichsrat, wo er sich besonders für die Einführung des allgemeinen Wahlrechts engagierte. Bis 1933 war Ellenbogen Nationalratsabgeordneter. Er ist Arzt und er ist trotz seines Alters den Strapazen der Flucht körperlich besser gewachsen als viele Jüngere.

Auch internationale Prominenz der Linken ist in diesem kriegerischen Hochsommer des Jahres 1940 in Montauban, etwa der vor den Franco-Truppen geflohene frühere Präsident des republikanischen Spaniens, Manuel Azaña. Er rettete sich nach dem Fall der letzten Stellungen in Katalonien über die französische Grenze. Azaña stirbt noch im November desselben Jahres in Montauban – da sind die meisten Flüchtlinge schon weitergezogen.

Die Philosophin Hannah Arendt war mit 7000 anderen Frauen im südfranzösischen Lager Gurs im nicht von der deutschen Wehrmacht besetzten Teil des Landes interniert. Im allgemeinen Chaos gelang es ihr, sich Entlassungspapiere zu beschaffen und mit 200 anderen Frauen das Lager zu verlassen.

Sie macht sich nun auf den Weg nach Montauban, wo sie ihren ebenfalls aus einem Lager kommenden Mann Heinrich Blücher trifft. Das Internierungscamp, in dem er inhaftiert war, war von den Franzosen beim Herannahen der Deutschen aufgelöst worden. Später wurden die Frauen, die anders als Hannah Arendt im Lager Gurs verblieben waren, an die Gestapo ausgeliefert und in Vernichtungslager deportiert.

Auch die Polgars machen in Montauban Station. Verzweifelt kabeln sie immer wieder in die USA, um ein Affidavit zu ergattern, die für die Einreise notwenige Garantieerklärung eines Einladenden. Vergeblich. Alfred und Lisl Polgar sitzen in Montauban fest, das Geld, von dem sie nie viel hatten, ist nun völlig zur Neige gegangen. *„Wenn ich nur für meine Frau eine Rettung sähe!! Ich wünsche, das Ende möge nicht zu bitter sein“*, schreibt der Wiener deprimiert in sein Tagebuch.

Nach außen hin bleibt Polgar, dieser Fin-de-Siècle-Kaffeehausliterat aus der versunkenen Donaumetropole, vornehm, wie Hans Sahl, ein anderer in Montauban gestrandeter Flüchtling und bekannter Theaterkritiker der Weimarer Republik, in einem kleinen Reim beschrieb:

„Der Grandseigneur mit den gepflegten Formen,
bleibt auch im Massenelend stets ein Herr.
Er nahm der Skepsis ihre spitzen Dornen
und trägt sie nun, vergrämt durch Uniformen,
wie eine weiße Rose im Revers.“

Nach sechs Wochen des Wartens kommt endlich eine Banküberweisung von Polgars Verleger aus Zürich. Nun kann das Paar nach Marseille reisen, um dort nach Papieren und einem Schiff in die Freiheit zu suchen.

Sogar eine prominente Flüchtlingshochzeit gibt es in Montauban: Am 13. August 1940 heiraten auf dieser Zwischenstation ihrer Flucht Suse Winternitz und ihr langjähriger Freund Karl Höller, ein Fotograf und Filmemacher aus Salzburg. Höller war kein Jude, er hatte aus Liebe zu Suse seine Stadt verlassen. Suse war in Salzburg eine bekannte Pressefotografin, deren Arbeiten zu guten Preisen verkauft wurden.

Suses Mutter Friderike Zweig-Winternitz ist ebenfalls in Montauban. Sie hat eine hässliche Scheidung von ihrem Mann Stefan Zweig hinter sich. Die beiden hatten 1920 geheiratet, er war damals 39, sie 38. Friderike Winternitz hatte zwei Töchter aus ihrer Ehe mit einem hohen Wiener Finanzbeamten, Alexia und Suse. Zweig war damals bereits ein bekannter und glänzend verdienender Autor.

Das jungvermählte Paar kaufte das desolate, allerdings immer noch eindrucksvolle Paschinger Schlössl am Salzburger Kapuzinerberg zu einem guten Preis und führte es zu alter Pracht. Zweig schrieb hier die ersten Biografien, viele Novellen und die „Sternstunden der

Menschheit", durchwegs literarische Eckpfeiler der österreichischen Kulturgeschichte.

1932, jetzt schon 51, begann Zweig eine Affäre mit seiner Sekretärin Lotte Altmann. Im Februar 1934 nahmen die per Putsch an die Macht gekommenen Austrofaschisten nach einer vertraulichen Information, Zweig würde Waffen für den sozialdemokratischen Schutzbund verstecken, im Paschinger Schlössl eine Hausdurchsuchung vor. Der empörte Schriftsteller verließ daraufhin Österreich und zog mit Lotte nach England. Das Paschinger Schlössl verkaufte er und zwang damit Friderike und ihre beiden Töchter, in ein Haus in Salzburg-Nonntal zu übersiedeln. Später, im April 1938, wird Stefan Zweig Friderike vorwerfen, in der „Nazi-Stadt Salzburg" geblieben zu sein. Da waren gerade am Residenzplatz seine Bücher verbrannt worden. Friderike war zu diesem Zeitpunkt mit ihren Töchtern und deren Lebensgefährten bereits auf der Flucht nach Paris.

Die Hochzeit von Suse Winternitz in Montauban ist in diesem August 1940 ein kurzes „Time-out" in dramatischen Flüchtlingsleben.

Denn dies war kein Ort, an dem man sich in Sicherheit wiegen konnte, wie das Beispiel der jüdischen Familie Kurzweil aus Graz zeigt. Bruno Kurzweil, Jahrgang 1891, war ein wohlbestallter Rechtsanwalt, wohnhaft in der Schröttergasse 7. Er vertrat neben anderen Klienten auch die Mietervereinigung und war nach und nach Parteianwalt der steirischen Sozialdemokraten geworden. In Graz hatte er einen guten Namen und brachte es zu einem gewissen Wohlstand. Sogar Urlaube in Spanien und auf Malta konnten sich die Kurzweils leisten.

Nach dem Einmarsch Nazi-Deutschlands in Österreich zerbrach das Idyll. Nach dem Sommer 1938 durfte die 13-jährige Tochter Adele nicht mehr die Schule besuchen, Bruno Kurzweil wurde von der Anwaltsliste gestrichen.

Am 1. Oktober 1938 verließ die Familie Graz in Richtung Paris, es war ein Abschied für immer.

In der französischen Hauptstadt hatten österreichische Sozialdemokraten eine Kindergruppe gegründet, Adele besuchte sie begeistert. Im Juli 1939 gab es sogar ein einwöchiges Sommerlager in einer Jugendherberge in Plessis-Robinson im Pariser Umland. Nach der Einnahme von Paris flohen die Kurzweils wie viele Juden, Kommunisten und Sozialdemokraten nach Montauban. Bruno Kurzweil half anderen Flüchtlingen beim Ergattern von Dokumenten. Für die Familien von noch in Internierungslagern sitzenden Flüchtlingen trieb der ehemalige Anwalt Geld auf.

Während viele andere Exilanten weiterzogen, verpassten die Kurzweils den richtigen Moment: Der Jurist vertraute auf Marschall Pétains Gerede von der Souveränität des unbesetzten Teils Frankreichs, obwohl die Waffenstillstands-Bedingungen diese zum Papiertiger gemacht hatten.

Im August 1942 – die Wannseekonferenz hatte bereits die Vernichtung der Juden beschlossen – wurden die Kurzweils in Montauban bei einer Razzia gemeinsam mit 170 anderen jüdischen Flüchtlingen auf die Straße getrieben und auf Lastautos ins Lager Drancy nördlich von Paris gebracht. Von Drancy ging wenige Tage später der Transport Nummer 30 nach Auschwitz ab. Dort verlieren sich die Spuren von Bruno, Gisela und Adele Kurzweil.

Nur ein Aktenstück taucht noch auf, das ihren Namen trägt: Am 5. Dezember 1942 verleibt sich das Deutsche Reich ihren Grazer Schrebergarten ein.

In den 1990er-Jahren wurde am Dachboden einer Polizeistation nahe Montauban ein Koffer gefunden, der einst der Familie Kurzweil gehört hatte.

Anderen gelang es, den Krieg in Montauban zu überdauern. Anton Pariser etwa, bis zum Einmarsch von Nazi-Deutschland Vorstandsmitglied der Österreichischen Länderbank und Funktionär der Sozialdemokratischen Partei im Untergrund, verbarg sich mit seiner Tochter Magdalena bis zur Befreiung im Jahr 1944 in einer Hütte in den Weinbergen von Montauban. Verpflegt wurden sie von französischen Widerstandskämpfern. Die beiden hatten die letzte Möglichkeit für die Weiterreise nach Marseille verpasst, weil bei Parisers Frau durch die Strapazen der Flucht eine alte Lungenkrankheit wieder akut geworden war, an der sie im Dezember 1940 in Montauban starb.

Erich Cohn-Bendit, der Rechtsanwalt aus Berlin, der in Paris mit Hannah Arendt und Walter Benjamin eine Kaffeehausrunde gepflegt hatte, blieb mit seiner Frau ebenfalls in Montauban. Er verdingte sich während der Kriegsjahre als Taglöhner, seine Frau Hertha arbeitete in einem Waisenhaus für Flüchtlingskinder. So konnten sich die Cohn-Bendits eine Zeit lang wegducken. Als die deutsche Wehrmacht im November 1942 auch Südfrankreich und damit Montauban besetzte, versteckten sich die Cohn-Bendits mithilfe eines katholischen Priesters und einer französischen Familie.

Am 4. April 1945 wurde den Cohn-Bendits im bereits seit 1944 befreiten Montauban ein Sohn geboren. Sie nannten ihn Daniel. Daniel Cohn-Bendit wurde 23 Jahre später zur Leitfigur der 68er-Revolte in Paris („Der rote Dani") und danach eine wichtige Figur bei den deutschen Grünen.

New York, 25. Juli 1940

GEHEIMTREFFEN IM „HOTEL COMMODORE"

Thomas Mann hat das verzweifelte Telegramm erhalten, das ihm die Autoren Walter Mehring, Hertha Pauli und Ernst Weiss am 10. Juni 1940, kurz vor dem Einmarsch der Deutschen in Paris, geschickt haben und in dem sie den damals wohl berühmtesten Schriftsteller deutscher Sprache um Hilfe bitten.

Mann lebt seit 1938 in Princeton, der Universitätsstadt in der Nähe von New York City. Auch seine Frau Katja und seine Kinder Klaus und Erika sind hier. Erika Mann hält in New York Kontakte zur BBC und zum „Office of War Information". Sie tourt mit ihrem Bruder Klaus durch die USA, um in Vorträgen vor dem NS-Regime zu warnen. Gemeinsam gaben die beiden 1939 das Buch „Escape to Life" heraus, in dem die künstlerischen, wissenschaftlichen und politischen Repräsentanten der deutschen Emigration porträtiert wurden.

Zwei weitere Kinder Thomas Manns, Monika und Golo Mann, sind noch in Europa. Monika lebt mit ihrem ungarischen Mann in London, Golo bei seinem Onkel Heinrich in Nizza – oder sonstwo. Denn seit dem Einmarsch der Deutschen ist Thomas Manns Kontakt zu den Familienmitgliedern in Europa abgebrochen. *„Sorgen um unsere Leute in Frankreich. Trübe oder gar keine Nachrichten"*, trägt sein Sohn Klaus Mann am 17. Juni 1940, zwei Tage nach dem Fall von Paris, in sein Tagebuch ein.

Am 24. Juni werden auch in den USA die harten Waffenstillstands-Bedingungen bekannt, vor allem der berüchtigte Paragraph 19, der die Marionettenregierung Marschall Pétains im unbesetzten Teil Frankreichs verpflichtet, von den deutschen Besatzern verlangte

Personen auszuliefern. *„Der Schatten der Nazis fällt über Frankreich"*, titelt die „New York Times".

Die fast hoffnungslose Situation der gestrandeten Juden und Regimegegner im Südwesten Europas bedrückt Thomas Mann schwer. Am schwersten wiegt die Sorge um seinen Sohn Golo, der gemeinsam mit Manns Bruder Heinrich und dessen junger Frau Nelly wohl irgendwo im Süden Frankreichs umherirrt. Und Thomas Mann weiß, dass viele Dichter, Denker und Künstler Europas ebenso wie Heinrich und Golo auf der Flucht sind: Werfel und Feuchtwanger, Max Ernst und Marc Chagall, Alfred Polgar, Walter Benjamin, Hannah Arendt und viele, viele mehr.

Das Telegramm, in dem seine drei Schriftstellerkollegen um Hilfe flehen, lässt Thomas Mann handeln: Für den 25. Juni bittet er rund 200 mögliche Unterstützer – Journalisten, Geschäftsleute, Künstler, Universitätsprofessoren – zu einem Lunch ins New Yorker „Hotel Commodore", um zu besprechen, was zur Rettung der europäischen Geistesgrößen unternommen werden könnte.

Den Ehrenschutz übernimmt Eleanor Roosevelt, die Frau des Präsidenten. Sie ist mit ihrem Mann in der Frage der europäischen Flüchtlinge keineswegs einer Meinung: Anders als Franklin D. Roosevelt, ist Eleanor für weit großzügigere Einwanderungsquoten. Der Präsident hat in drei Monaten Wahlen zu schlagen, eine weniger restriktive Flüchtlingspolitik passte Roosevelt, wiewohl ein mutiger Sozialreformer, ganz und gar nicht ins Programm. Seit dem Ende des Ersten Weltkriegs waren sowohl die Bevölkerung wie auch der US-Kongress mehrheitlich isolationistisch. Nach dem deutschen Einmarsch in den Niederlanden, Belgien und Frankreich erklärte Roosevelt öffentlich, die USA seien mit dem nun ebenfalls gefährdeten Großbritannien solidarisch, an einem militärischen Konflikt würden sie sich aber nicht beteiligen. Diese Position wie auch die Ablehnung von höheren Flüchtlingsquoten fanden in allen Meinungsumfragen deutliche Zustimmung.

Der Schauplatz der von Thomas Mann angeregten Konferenz, das „Hotel Commodore", ist eines der prächtigsten der Stadt. Es liegt an der Ecke Lexington Avenue/42nd Street, gleich neben der Grand

Central Station und gehört der „New York Central Railroad"-Gesellschaft. Albert Einstein steigt regelmäßig hier ab, wenn er in der Stadt ist.

Als Redner und Tagungsvorsitzenden der Veranstaltung kann man den berühmtesten Theologen der USA, Professor Reinhold Niebuhr (1892–1971), gewinnen, eine intellektuelle Autorität seiner Zeit. Das sei das einzige Mal gewesen, dass er um Geld gebettelt habe, wird Niebuhr nach dem Lunch erzählen. Später wird sich auch der 44. Präsident der USA, Barack Obama, immer wieder auf Theorien Niebuhrs berufen.

Im Saal des „Hotels Commodore" liegen auf den Tischen Schecks, die Gäste werden gebeten, jene Summe einzutragen, die sie für die Rettung der Verzweifelten in Europa spenden wollen.

Thomas Mann selbst tritt bei diesem denkwürdigen Lunch nicht auf, sondern seine damals 34-jährige Tochter Erika. In Europa sei eine Kultur dabei unterzugehen, sagt Erika Mann, die Nazis würden *„die besten, die kreativsten Kräfte"* des alten Kontinents verfolgen.

3500 Dollar werden im Verlauf dieses Mittagessens gesammelt (nach heutiger Kaufkraft etwa 70.000 Euro). *„Aber Geld allein wird diese Leute nicht retten"*, ruft Erika Mann in den Saal: *„Viele von ihnen sitzen ohne Visa und ohne Pässe in der Falle. Sie können nicht einfach ein Schiff besteigen und losfahren. Wir brauchen dort jemanden, der sie herausbringt."* Man müsse einen Vertreter in den noch unbesetzten Teil Frankreichs schicken, am besten nach Marseille.

Noch an Ort und Stelle im „Hotel Commodore" wird das „Emergency Rescue Commitee", ERC, gegründet. Frank Kingdon, der Präsident der Newark University, übernimmt den Vorsitz, im Vorstand sind namhafte Journalisten und Universitätslehrer vertreten. Eine wichtige Rolle bei der Vorbereitung des ERC hat der aus Wien geflohene Karl Frank gespielt, ein unorthodoxer Linker, den es weder bei den Sozialdemokraten noch bei den Kommunisten lange gehalten hat.

Schon vier Wochen vor dem ERC war in Boston eine andere Hilfsorganisation für in Europa gestrandete Flüchtlinge entstanden: Das „Unitarian Service Commitee", eine evangelikale, jedoch liberale Kirchengemeinschaft. Auch die Quäker, ebenfalls eine christliche Reformkirche, engagieren sich jetzt zunehmend in der Flüchtlingshilfe.

Nun muss möglichst rasch eine Liste von in Südfrankreich herumirrenden und besonders gefährdeten Künstlern, Wissenschaftlern und Intellektuellen erstellt werden. Sie soll der ebenfalls noch zu bestimmende Agent vor Ort mit den nötigen Papieren ausstatten und aus dem abgeriegelten Vichy-Frankreich bringen. Heute würde man das „Schlepperei" nennen.

Thomas Mann selbst nominiert in den folgenden Tagen zahlreiche Schriftsteller; der Direktor des New Yorker Museum of Modern Art, Alfred J. Barr, bringt eine Liste von jüdischen oder regimekritischen Malern und Bildhauern, die aus Frankreich und Spanien geholt werden mussten. Der amerikanische Gewerkschaftsbund AFL (American Federation of Labour) und das „Jewish Labour Committee" legen die Namen von flüchtenden Sozialdemokraten und Gewerkschaftern aus Deutschland und Österreich vor. Die Gewerkschaft spielt in den folgenden Monaten auch bei der Finanzierung des „Rescue Comittees" die entscheidende Rolle.

Zusätzlich werden bereits in die Vereinigten Staaten geflohene Künstler und Autoren zurate gezogen, die Namen von in Frankreich Festsitzenden zur Liste beitragen sollen.

Reibungslos geht das nicht: Die einen wollen mehr Künstler, die anderen mehr Politiker, die einen mehr Deutsche, die anderen glauben, dass die Tschechen zu kurz kommen. Aber die Liste wird erstellt.

Nach einigen internen Diskussionen hat man schließlich auch jenen Mann gefunden, der die fast unlösbare Aufgabe übernehmen soll, mehr als 200 über ganz Frankreich verstreute europäische Geistesgrößen zu finden und sie mit gefälschten Papieren außer Landes zu bringen. Er heißt Varian Fry, ist 33 Jahre alt und Absolvent der Elite-Uni Harvard. Sein Vater war Börsenmakler an der Wall Street. Fry galt als schwieriges Kind, er war launisch, introvertiert. An der High School glänzte er in allen Sprachfächern und mied den Kontakt mit Schülern, die nicht so begabt waren wie er. Er kleidete sich elegant und legte großen Wert auf gutes Essen.

Flüchtlingsretter Varian Fry in Marseilles
Der Journalist galt als schwieriger Charakter, aber er erledigte eine „Mission impossible".

Selbst ein Sandwich verzehrte der junge Fry mit Messer und Gabel.

In Harvard gründete er ein Literaturmagazin, das von der „New York Times" gelobt wurde, zerstritt sich aber rasch mit seinem Co-Herausgeber. Er gehörte zu den zehn Prozent der besten Studenten seines Jahrgangs und nützte dies zum Ausleben seiner Launen: Einmal riss er aus Wut das Telefon in einem Universitätssekretariat aus der Verankerung und warf es aus dem Fenster. Vor dem Haus des Rektors rammte er eine Tafel mit der Aufschrift „*For Sale*" in den Rasen.

1931 heiratete Varian Fry die um sieben Jahre ältere Journalistin Eileen Hughes. 1935 schickte ihn das angesehene Magazin „The Living Age", spezialisiert auf internationale Politik, nach Deutschland. In Berlin wurde Fry Zeuge von Übergriffen auf Juden. Nach seiner Rückkehr in die USA widmete er sich fast ausschließlich der Aufklärung des US-Publikums über die Vorgänge in Hitlers Reich. Auch in der „New York Times" schrieb er einen ausführlichen Artikel über seine Eindrücke in Berlin.

Aber war er der richtige Mann für eine solche Mission? Fry hatte keinerlei Erfahrung in der Untergrundarbeit und er war ganz auf sich allein gestellt. Und hatte dieser Varian Fry nun endlich seine Launen im Griff?

Fry bekommt einen Pass und ein Begleitschreiben von YMCA („Young Men's Christian Association"), das ihn als Sozialarbeiter ausweisen und die voraussichtlich skeptischen französischen Behörden beruhigen soll. Und Fry hat die 3500 Dollar zu seiner Verfügung, die beim Lunch im „Hotel Commodore" gesammelt wurden.

Vor der Abreise trifft sich Varian Fry noch mit der in die Aktion eingebundenen First Lady Eleanor Roosevelt und bittet sie, beim amerikanischen Konsul in Südfrankreich ein gutes Wort für ihn einzulegen. Thomas Mann und einige andere bereits in New York lebende Europäer geben Fry praktische Überlebenstipps und charakterisieren die Personen, die er in Sicherheit bringen soll. Es ist eine „mission impossible": Schon in drei Wochen, am 28. August, soll die Aktion abgeschlossen und Fry wieder am Rückweg in die USA sein, so der verrückte Plan.

Es sollte anders kommen.

Am 10. August 1940 macht sich der amerikanische Protestant Varian Fry per Flugzeug auf den Weg nach Europa, um dort einigen hundert Juden das Leben zu retten. Es werden schließlich 2200 Menschen sein, die Fry und die Leute vom „Emergency Rescue Commitee" in den folgenden 16 Monaten vor dem Zugriff von Gestapo und SS bewahren.

Das „Hotel Commodore" steht übrigens noch immer, heute heißt es allerdings „Grand Hyatt". Der junge Immobilien-Dealer Donald

Trump hatte 1977 der bankrotten New Yorker Eisenbahngesellschaft das heruntergekommene und von der Schließung bedrohte Hotel abgekauft und dafür von der Stadt eine beträchtliche Steuererleichterung garantiert bekommen. Es war Trumps erster großer Coup in Manhattan.

Nur das Foyer und der Ballsaal des alten „Hotels Commodore", in dem 1940 die denkwürdige Flüchtlingsrettungsaktion ihren Ausgang genommen hatte, blieben originalgetreu erhalten. Den Rest des Gebäudes ließ Trump völlig erneuern. Ab 1980 vermietete er das grundrenovierte Haus an die Hyatt-Gruppe. 1996 verkaufte Trump die Hälfte des Hotels um 142 Millionen Dollar an Hyatt.

Marseille, August 1940

PAPIERE MÜSSTE MAN HABEN

Einen Monat nach der Besetzung Nord- und Westfrankreichs gibt es für die Flüchtlinge nur noch ein Ziel: Marseille. Alle Häfen der Atlantikküste werden bereits von den Deutschen kontrolliert. Am 10. Juni 1940, wenige Tage vor dem Fall von Paris, hat auch Italiens Diktator Benito Mussolini Frankreich den Krieg erklärt und schickt sich bereits an, den östlichen Teil Südfrankreichs zu besetzen.

Allerdings ist auch Marseille kein sicherer Ort: Vor der Küste patrouillieren sowohl deutsche als auch italienische Kanonenboote, um auslaufende Passagierschiffe zu überprüfen. Es laufen freilich ohnehin keine aus: Der Schiffsverkehr ist nach dem Waffenstillstand vom 25. Juni 1940 zusammengebrochen.

Dennoch stürmen nun fast alle, die in den letzten Wochen aus Paris geflohen waren, nach Marseille. Dazu stoßen jene, die aus Sanary-sur-Mer, Nizza und den Internierungslagern in Südfrankreich kommen.

In den Zeitungen erscheinen Anzeigen wie diese: „*Mutter sucht Kind, Mädchen, zwei Jahre alt, verloren auf der Flucht, auf der Straße zwischen Tours und Poitiers*" oder: „*Großzügige Belohnung für jede Information, die dazu beiträgt, meinen Sohn Jacques wiederzufinden, zehn Jahre alt, zuletzt gesehen am 17. Juni in Bordeaux*".

Aber Marseille ist eine Mausefalle. Die Gestapo hat bereits ein Büro am Boulevard d'Athène eingerichtet und es gibt den berüchtigten Paragraphen 19 des Waffenstillstands-Abkommens, der die Marionettenregierung Marschall Pétains verpflichtet, den Deutschen auf Wunsch jeden Ausländer auszuliefern.

Pétain zeigt sich äußerst willfährig. In einem seiner ersten Erlässe als Präsident der französischen Rumpfrepublik ordnet er eine Zählung aller dort lebenden Juden an und erlässt für sie ein Berufsverbot im öffentlichen Dienst, im Journalismus, im Militär, in Schulen und Banken. Überdies können nach Pétains Erlässen alle Ausländer zwischen 18 und 55 ohne Angabe von Gründen interniert werden.

Die Lage der Flüchtlinge könnte schlimmer kaum sein.

Die Voraussetzungen, um aus Marseille weg und auf ein Schiff in Richtung USA zu kommen, erscheinen unüberwindlich: Man benötigt eine Einreiseerlaubnis in die Vereinigten Staaten und eine Ausreisebewilligung aus Frankreich, ein sogenanntes „visa de sortie". Ein Visum für die USA ist an ein Affidavit geknüpft, an die Garantieerklärung eines amerikanischen Einladenden.

Da im Norden Frankreichs die Nationalsozialisten lauern, Italien mit Hitler verbündet ist, die Schweiz die Grenzen dichtgemacht hat und aus Marseille kein Passagierschiff ausläuft, führt der Weg in die Freiheit nur über Spanien und Portugal. Die Zahl der erforderlichen Dokumente vergrößert sich damit maßgeblich: Nötig ist nun auch ein spanisches Durchreisevisum, das aber nur bei Vorlage eines französischen Ausreisevisums ausgestellt wird. Gleichzeitig fordern die Spanier ein portugiesisches Einreisevisum, um zu verhindern, dass die Flüchtlinge in Spanien stranden. Die Portugiesen verlangen aus dem gleichen Grund für ihr Transitvisum das Einreisevisum eines Drittstaats. Und sie fordern die Vorlage eines Schiffstickets, bezahlt in US-Dollars.

Da die meisten dieser Bescheinigungen zeitliche Gültigkeitslimits haben, ist eines der Papiere oft schon abgelaufen, bevor das letzte Visum endlich in den Pass gestempelt ist.

In anderen Ländern sind die bürokratischen Hürden, die sich vor Flüchtlingen aufbauen, kaum weniger hoch.

Stefan Zweig, der sich in London im August 1940, in dem die deutsche Luftwaffe erstmals auch englische Städte bombardiert, auf den Weg in sein letztes Exilland Brasilien macht, schrieb später in seinem Lebensrückblick „Die Welt von gestern": *„Wenn ich zusammenrechne, wie viele Formulare ich ausgefüllt habe in diesen Jahren, wie viele Stunden ich gestanden in Vorzimmern von Konsulaten und Behörden, vor wie vielen Beamten ich gegessen habe, freundlichen und unfreund-*

lichen, gelangweilten und überhetzten, wie viele Durchsuchungen an Grenzen und Befragungen ich mitgemacht, dann empfinde ich erst, wie viel von der Menschenwürde verlorengegangen ist in diesem Jahrhundert ... Jeder von uns hat mehr amtliche Verordnungen studiert als geistige Bücher, der erste Weg in einer fremden Stadt, in einem fremden Land ging nicht mehr wie einst zu den Museen, sondern auf eine Polizeistube, sich eine ‚Erlaubnis' zu holen. Eine kleine Beamtin bei einem Konsulat zu kennen, die einem das Warten abkürzte, war im letzten Jahrzehnt lebenswichtiger als die Freundschaft eines Toscanini. Ständig wurde man vernommen, registriert, nummeriert, perlustriert, und gestempelt.“

In Marseille bemüht sich die in Mainz geborene Autorin Anna Seghers um Papiere. Sie ist 39, Jüdin und Kommunistin, ihre in der Weimarer Republik teilweise mit hohen Preisen ausgezeichneten Bücher wurden nach der Machtübernahme der Nazis bei fast jedem Autodafé verbrannt. Mit ihrem Mann und ihren beiden Kindern rettete sich Anna Seghers nach Paris. Jetzt sitzt sie mit den Kindern in Marseille, ihr Mann ist immer noch im Camp les Milles interniert. Die Schriftstellerin hat in ihrem Unglück noch Glück: Sie steht als Anna Seghers auf den Fahndungslisten der Gestapo und Hitlers geheime Polizei weiß nicht, dass das nur ihr Künstlername ist. Ihre Papiere sind auf den bürgerlichen Namen ausgestellt: Netty Radványi.

Fast jede Nacht muss sie sich mit ihren Kindern eine neue Bleibe suchen. Die Autorin irrt eines Abends wieder einmal auf der Suche nach einem Nachtquartier durch Marseille, als sie in einem schäbigen Café von einem Fremden angesprochen wird. In ihrem Schlüsselroman „Transit“ beschreibt sie später ihren nächtlichen Gesprächspartner so: *„Er trug einen Rock von der Sorte, die längst bei jedem anderen in Fetzen gegangen wäre, hier aber zufällig an einen Besitzer geraten war, der ihn durch Würde und Sorgfalt nicht untergehen ließ. Er sei Kapellmeister gewesen in Prag, jetzt habe man ihm eine Stelle verschafft bei einer berühmten Kapelle in Caracas. Er könne jetzt nicht mehr länger auf ein Lebenszeichen von seinen Söhnen warten, sonst sei es für ihn zu spät. Ich glaubte, er meine den Tod. Er aber meinte die Kapellmeisterstelle, die musste er vor dem neuen Jahr antreten. Er hatte* *schon einmal einen Kontrakt besessen, auf den Kontrakt ein Visum, auf das Visum das Transitvisum. Die Gewährung des visa de sortie habe aber so lange gedauert, dass ihm inzwischen das Transit erloschen sei, darauf das Visum, darauf der Kontrakt. Letzte Woche habe man ihm das visa de sortie gewährt, er warte jetzt Tag und Nacht auf die Verlängerung des Kontraktes, die ja ihrerseits die Verlängerung seines Visums bedinge. Die aber sei die Vorbedingung für die Gewährung eines neuen Transits.*"

Auch der Satiriker Walter Mehring, der vor der Flucht aus Paris mit seiner Schriftstellerkollegin Hertha Pauli dieses verzweifelte Bitttelegramm an Thomas Mann abgeschickt hat, sitzt in der Hafenstadt. Seinen Kampf um Papiere beschreibt Mehring später so: „*In den Korridorlabyrinthen der Bürokratie brannten im Trüblicht flackernde Glühbirnen, gerade hell genug, um die Geprüften die Aussichtslosigkeit ihrer Situation erkennen zu lassen.*"

Alfred Döblin ist mit seiner Frau und seinem jüngsten Sohn ebenfalls in Marseille gelandet. Er macht sich sofort auf den Weg zum amerikanischen Konsulat, das von hunderten Petenten umlagert ist. Döblin später in seinem Erinnerungsbuch „Schicksalsreise" über die Stimmung der vor dem Amt Wartenden: „*Merkwürdig, wie die Unruhe und die Angst in jedem die Vermutung steigerte, die Nazis hätten es gerade auf ihn abgesehen. Und jeder suchte heraus, was er da und dort Verdächtiges oder Gefährliches geschrieben oder gesagt hat. Man hielt sich und anderen sein vermeintliches Schuldenregister vor und gab sich verloren. Noch etwas anderes: Zwischen uns Exilierten besteht keine Solidarität. Wir haben schon vorher sehr privat unser Privatleben geführt; jetzt dichteten wir uns noch besonders ab. Man sah den anderen auf dem Konsulat und nickte ‚Aha, du bist auch hier' und keiner verriet, was er vorhatte und auf wen er rechnete.*"

Vor dem spanischen Konsulat beträgt die Wartezeit drei Tage und drei Nächte. Oft kommt es zu wilden Auseinandersetzungen zwischen den lauernden Flüchtlingen, weil sich Partner in der Schlange abwechseln, um ein wenig Schlaf zu bekommen.

Auch der deprimierte Philosoph Walter Benjamin hat es inzwischen nach Marseille geschafft. Benjamin kennt die Stadt. Er war 1929 hier gewesen und hatte gemeinsam mit Freunden mit Rauschgift experimentiert und danach ein Buch geschrieben: „Über Haschisch“.

Benjamin sehe schrecklich abgehärmt aus, konstatieren Freunde wie der Journalist und Filmkritiker Siegfried Kracauer, der ihn in diesem August 1940 in einem der Cafés trifft: *„Er glaubte seine Welt vernichtet und masochistische Ängste erstickten die Hoffnung in ihm.“*

Der aus dem österreichischen Galizien stammende Autor Soma Morgenstern – er ist aus einem bereits von den Deutschen übernommenen Internierungslager geflohen – trifft Benjamin ebenfalls zufällig auf der Straße. Dieser ist panisch vor Angst. Später schreibt Morgenstern darüber: *„Er hatte sich einen schwarzen Bart wachsen lassen, hatte einen schwarzen Hut auf und sah aus wie ein Geistlicher. Sein erstes Wort war: ‚Auf der Straße sprechen wir nur Französisch.‘“*

Marta Feuchtwanger ist inzwischen aus dem Lager Gurs geflohen, indem sie in der allgemeinen Verwirrung unter dem Stacheldraht durchkroch. Sie weiß aus verschiedenen Quellen, dass ihr Mann Lion nun in einem Lager unweit von Nîmes im französischen Süden interniert ist.

Lion Feuchtwanger und seine Leidensgenossen haben eine Odyssee hinter sich. Nach der Besetzung von Paris waren Gerüchte aufgeflammt, die Deutschen würden auch den Süden des Landes überrennen. Die Internierten konnten den Lagerkommandanten von Les Milles überreden, sie wegzubringen. Der Kommandant ließ einen Güterzug vorfahren, in den die Häftlinge nun gepfercht wurden. Die Fahrt nach Bayonne an der französischen Atlantikküste unweit der spanischen Grenze dauerte mehrere Tage, obwohl die Entfernung nur knapp 700 Kilometer betrug. Knapp vor dem Ziel traf die Nachricht ein, die Deutschen hätten bereits die gesamte Atlantikküste besetzt. Der Zug kehrte um, es ging aber nicht wieder zurück ins Lager Les Milles, sondern auf einen verlassenen Gutshof, wo die zum Großteil an schweren Durchfällen leidenden Flüchtlinge seit ihrer Ankunft fast unbewacht campierten.

Marta marschierte nun, da sie wusste, wo ihr Mann war, einfach in das kaum noch bewachte Camp und fand Lion Feuchtwanger nach wochenlangem Durchfall infolge der verheerenden hygienischen Zu-

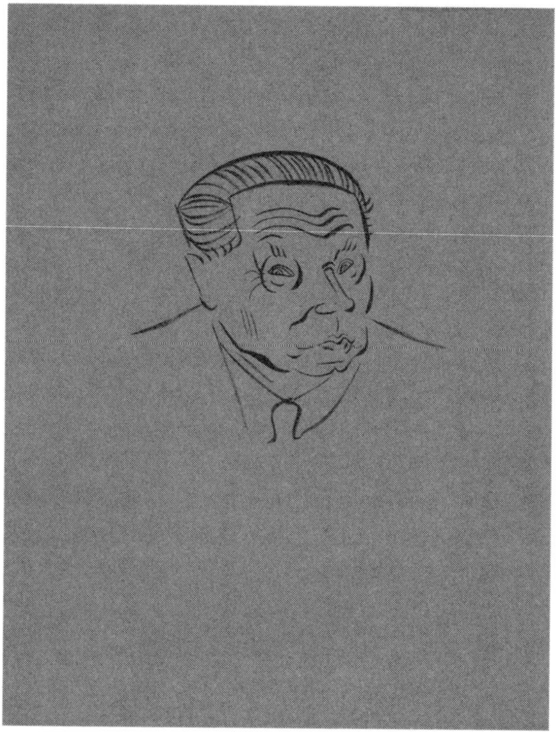

Lion Feuchtwanger, Karikatur 1934
Der Erfolgsautor ließ sich zeitweilig von Stalin für Propaganda benutzen.

stände kraftlos auf einer Matte am Boden. Gleich daneben lag der Maler Max Ernst, den sie zuerst gar nicht erkannte, so mager war er.

Einige Wochen später, es ist Ende August 1940, sind Marta und Lion Feuchtwanger in Marseille, wo schon viele ihrer Freunde aus Sanary-sur-Mer und Nizza gestrandet sind. Die beiden hatten gehofft, von hier aus auf einem Schiff zu entkommen – irgendwohin, nur weg von hier. Aber das Schiff gibt es nicht.

Feuchtwanger nimmt es anders als viele andere mit Gleichmut hin und fügt sich in den Gedanken, noch eine Zeit lang hierbleiben zu müssen. Seine gute Laune und Gelassenheit konnten auch mit seiner bequemen Unterkunft im Marseiller Haus des amerikanischen Konsuls Harry Bingham zusammenhängen. Eleanor Roosevelt, die Frau des Präsidenten – Feuchtwanger hatte sie 1932 bei seiner Lesereise durch die USA getroffen –, war eine große Verehrerin seines Oeuvres. Sie hatte in einer Zeitung ein Foto eines amerikanischen Fotografen gesehen, das Feuchtwanger hinter einem Stacheldrahtzaun in Les Milles zeigte. Daraufhin hatte die First Lady sofort den US-Konsul in Marseille telegrafisch damit beauftragt, Marta und Lion Feuchtwanger aufzulesen und sie besonders zu umhegen. Bingham tat, wie befohlen. Er brachte Marta und Lion Feuchtwanger nach Marseille.

Vor Sonnenuntergang lässt der Konsul Feuchtwanger nicht aus dem Haus, weil dies angesichts der vielen deutschen Agenten in der Stadt zu gefährlich wäre. Der sich nun in Sicherheit wiegende Autor schafft es mithilfe Binghams sogar, einige gute Weine aus seinem überstürzt verlassenen Keller in Sanary-sur-Mer nach Marseille bringen zu lassen.

Die Zeit im Haus des Konsuls bringt er damit zu, die Arbeit an seiner Josephus-Biografie fortzusetzen.

Ein Schlepper gaukelt den Feuchtwangers vor, er könne sie – freilich auf abenteuerliche Weise – auf einem kleinen Boot von Südfrankreich nach Lissabon bringen. Feuchtwanger ist nicht sicher, ob das Angebot ernstzunehmen ist, er bietet dem 69-jährigen Heinrich Mann und dessen Frau Nelly allerdings an mitzukommen. Später schreibt er darüber: *„Ich habe Mann gefragt: Sind Sie bereit, alles was Sie haben, im Stich zu lassen, einen Rucksack mit dem Allernotwendigsten auf die Schultern zu nehmen, 30 Kilometer durch die Nacht zu marschieren, auf verbotenen Wegen und dann ein zweifelhaftes Motorboot zu besteigen. Dieses Motorboot soll uns, immer in Gefahr, von deutschen oder italienischen Schiffen geschnappt zu werden, mittels einer Reise, die der Kapitän auf sieben bis zehn Tage veranschlagt, um Spanien herum nach Lissabon bringen. Sind Sie, Heinrich Mann, bereit mitzumachen? Andere, vor die gleiche Frage gestellt, hatten gezögert,*

Heinrich Mann, um 1935
Der ältere der beiden Schriftstellerbrüder war ein deklarierter Linker.

hatten es nicht gewagt. Heinrich Mann, ohne sich eine Sekunde zu bedenken, sagte Ja."

Heinrich Mann wollte nur weg von diesem Kontinent – und Flüchtlinge sind bereit, hohe Risiken auf sich zu nehmen, daran hat sich bis heute nicht viel geändert.

Feuchtwangers erträumtes Rettungsboot kommt nie, es hatte ihm wieder einmal jemand falsche Hoffnungen gemacht.

Heinrich Mann sitzt am Abend oft im Grand Café auf Marseilles Hauptstraße, der Canebière. Die Gäste der Lokale werden ständig von der französischen Polizei kontrolliert. Wer keine Papiere hat, wird aus dem Café geholt und auf die Präfektur gebracht. Gegenüber den jüdischen Flüchtlingen verhält sich die Polizei schikanös. Heinrich Mann beschreibt in seinen Erinnerungen einen solchen Vorfall: „*Eines schwülen Abends blieben wir zu lange auf der Straße sitzen. Wir sahen eine Truppe gegen uns anrücken, uns blieb nur übrig, ihr die Stirn zu bieten. Als wir aufbrachen, hielt sie den Rand des Geh-*

steigs besetzt, der Offizier spähte jedem Passanten unter den Hut, der bei einigen tief im Gesicht saß. Ich fand es geraten, den Kopf höher als sonst zu tragen.“

Auch Franz Werfel und Alma sind nach wochenlangen Irrfahrten durch Südfrankreich in Marseille angekommen. Sie nehmen im „Hotel Louvre et Paix“ Quartier und werden vom Concierge hastig in ein Hinterzimmer geführt: Eine deutsche Kommission ist gerade im Haus und Franz Werfel ist seit seinem Welterfolg „Die vierzig Tage des Musa Dagh“ überaus prominent. Sein Foto war in allen Zeitungen, man kennt sein Gesicht.

Alma lässt sich für die bevorstehende Jagd nach Papieren in einem Fotogeschäfte auf der Canebière Passbilder anfertigen.

Auf der Canebière, jener Schlagader der Stadt, die den Bahnhof mit dem Hafen verbindet, treffen die Werfels Heinrich Mann. „*Er ist sehr angenehm, wenn seine Frau nicht dabei ist, wenn auch etwas grobschlächtig*“, urteilt Alma spitz: „*Mann spricht manchmal sehr gescheite Dinge, wenn er aus seiner Lethargie aufwacht. Er sagte zum Beispiel ‚Ein Mensch kann eine Weile auf dem Kopf stehen, eine Nation länger – aber dann muss sie umfallen.*‘“

Auch die Werfels werden auf der Canebiére von Schleppern angesprochen. Einmal macht man sich erbötig, sie in einem als Schiff des Roten Kreuzes getarnten Kahn nach Spanien zu bringen. Alma solle sich als Krankenschwester verkleiden, rät man den beiden. Natürlich gegen Vorauskassa.

Alles nur Schimäre.

„*Diese Wochen in Marseille waren unerträglich*“, schreibt Alma Mahler-Werfel in ihrem Erinnerungsbuch: „*Täglich andere Gerüchte. Man bekam wenig und schlecht zu essen. Seife konnte man nicht mehr kaufen, überhaupt kein Fett. Und täglich wanderten wir zu den Herren Konsuln, die uns ihre ganze Macht fühlen ließen.*“

Franz Werfel wird zugetragen, sein Name stehe ganz oben auf der Liste der an die Deutschen Auszuliefernden. Auf ihn sei sogar ein hohes Kopfgeld ausgesetzt. Alma erinnert sich später: „*Er warf sich täglich aufs Bett und weinte. Gott sei Dank behielt wenigstens ich meinen Kopf oben. Er war ja auch der bei Weitem mehr Gefährdete.*“

In der Nähe des Hotels, in dem die Werfels wohnen, hat die Gestapo ihr Büro eingerichtet, was die Lage nicht einfacher macht. Immerhin hält der Hoteldirektor dicht und warnt die beiden, wenn Deutsche im Haus sind.

Wenigstens einer der in Lourdes verlorengegangenen Koffer Almas wird jetzt nach Marseille gebracht. Er enthält die Originalpartituren von Gustav Mahlers Symphonien und jene der 3. Symphonie von Anton Bruckner, Hinterlassenschaften ihres berühmten Mannes.

Franz und Alma Werfel sind jedenfalls ein gutes Stück weiter als die meisten anderen Flüchtlinge: Wenige Tage vor ihrer Ankunft in Marseille hatte der amerikanische Außenminister Cordell Hull diplomatisch diskret für den prominenten Autor interveniert, worauf das Paar Durchreisevisa für Spanien und Portugal, sowie „Visitor's Visa" für die Vereinigten Staaten bekam.

Jetzt fehlt ihnen nur noch das französische Ausreisevisum und das ist ein Problem. Die Gestapo lässt sich regelmäßig die Liste der Ausreisewilligen vorlegen und Franz Werfel geht zu Recht davon aus, dass man ihn festnehmen würde, sollte er um ein „visa de sortie" ansuchen. Wie also das Land verlassen?

Da geht in Marseille ein neues Gerücht um, das sich in der erregten Atmosphäre der mit Flüchtlingen vollgepferchten Stadt blitzartig verbreitet: Es heißt, ein Amerikaner sei eingetroffen, er habe Geld und den Auftrag, Flüchtlingen zu helfen. Und man munkelt, der Amerikaner habe eine Liste mit Namen von Personen, die er aus Frankreich in die USA bringen soll.

Varian Fry, der Abgesandte des in New York gegründeten „Emergency Rescue Commitees" – natürlich geht es in den Gerüchten um ihn – ist von New York nach Lissabon geflogen (Flugverkehr auf dieser Route gab es seit September 1939) und ist auf dem Landweg am 15. August 1940 in Marseille angekommen. Der Amerikaner hat Quartier im „Hotel Splendide" am Boulevard d'Athènes genommen, das weiß bald die ganze Flüchtlingskolonie.

Varian Fry reserviert sein Zimmer für einen Monat – so lange sollte seine Mission vereinbarungsgemäß dauern. Dann werde er den Job wohl erledigt und die 200 prominenten Flüchtlinge, deren Namen auf der ihm mitgegebenen Liste stehen, in Sicherheit gebracht haben, glaubt er.

Die ersten „Klienten", die Fry kontaktieren, sind – wie er in seinen Lebenserinnerungen „Auslieferung auf Verlangen" später schreibt – *„jüngere Sozialdemokraten aus Österreich. Die meisten hatten bereits Visa. Sie benötigten nur etwas Geld. Es war einfach."* Die Visa hatte der amerikanische Gewerkschaftsbund den besonders gefährdeten Genossen aus Wien direkt zukommen lassen.

Der Job Varian Frys sollte aber bald weit komplizierter werden. *„Gegen Ende der zweiten Woche war die Menschenmenge, die vor meiner Zimmertür wartete, so angewachsen, dass sich die Hotelleitung beschwerte. Ich musste die Flüchtlinge nun unten in der Halle warten lassen und einzeln per Telefon zu mir heraufrufen. Ein paar Tage später kam die Polizei mit der grünen Minna und nahm sie alle mit. Sie wurden zur Wache gebracht und über mich und meine Aktivitäten ausgefragt."*

„Centre Americain des Secours" nennt er zur Tarnung seine Einrichtung. Er sei im Auftrag des YMCA hier, ein von christlicher Nächstenliebe motivierter Unitarier. Er stecke den Flüchtlingen etwas Geld zu, das seine Kirche in den USA gesammelt hat. Man lässt ihn gewähren.

Aber Fry kann sich nicht darauf verlassen, dass seine wahren Absichten verborgen bleiben, er muss rasch jene Personen finden, die seine Auftraggeber in New York auf eine Liste gesetzt haben: Schriftsteller, Maler, Philosophen, Wissenschaftler – ein Who's who europäischer Kultur.

Die ersten beiden, die Fry lokalisieren kann, sind Franz Werfel und Alma Mahler-Werfel. *„Am Abend traf ich mich mit den Werfels zum Essen. Ihre Adresse hatte ich von Werfels Schwester bekommen, die ich in Lissabon getroffen hatte. Sie wohnten unter dem Namen von Alma Werfels erstem Mann, dem Komponisten Gustav Mahler, im Hotel du Louvre et Paix an der Canebière. Im Hotel tat man sehr geheimnisvoll und ich mußte eine ganze Weile warten, bis man mir schließlich erlaubte, zu ihren Zimmern hinaufzugehen"*, schreibt Fry in seinen Lebenserinnerungen.

Man ist einander wenig sympathisch: „*Werfel sah genau so aus wie auf den Fotos: groß, untersetzt und bleich – wie ein zur Hälfte gefüllter Mehlsack ständig vor Selbstmitleid winselnd*". Alma beschreibt Fry als „*eine Frau von gebieterischer Aufgeblasenheit*".

Die Abneigung beruht auf Gegenseitigkeit. „*Die Amerikaner hatten uns einen Mann, Mister Fry, geschickt, der uns allen helfen sollte. Er tat das recht ungezogen und mürrisch*", so Alma Mahler-Werfel in ihren Memoiren.

Frys erster Kontakt mit dem betagteren Heinrich Mann verläuft harmonischer: Der Amerikaner ist von Bildung und Noblesse des politisch weit links von seinem Bruder Thomas stehenden Heinrich Mann beeindruckt. Die Sozialdemokraten hatten 1932 ja sogar erwogen, Heinrich Mann gegen Paul von Hindenburg und Adolf Hitler in die Reichspräsidentenwahl zu schicken, empfahlen aber letztlich den stockkonservativen Militär Hindenburg, um Hitler zu verhindern.

Rasch wird Fry in Marseille klar, dass er diesen Job nicht alleine bewältigen kann. Er sucht sich zwei Helfer: einen jungen deutschen Ökonomen namens Albert Hirschmann – Fry nennt ihn „Beamish" (auf Deutsch „strahlend") – und Miriam Davenport, eine junge Amerikanerin, die sich weigert, ohne ihren jugoslawischen Geliebten – er hat kein Visum – in die USA zurückzukehren.

Nun sitzen also drei junge Leute in einem Hotel in Marseille – Fry ist 32, Hirschmann und Davenport sind 25 – und sie sollen in ganz kurzer Zeit hunderten Flüchtlingen das Leben retten, von denen sie nur die Namen kennen. Und das alles unter den Augen der mit den Nazis kollaborierenden französischen Behörden und der die Stadt durchschnüffelnden Gestapo.

Es gibt einfachere Jobs.

Aber Fry ist schlau: Die Flüchtlinge müssen ihn suchen, nicht er sie, so seine Überlegung. Er geht zum Chef der Polizeipräfektur, legitimiert sich mit seinem YMCA-Geleitbrief als Helfer für gestrandete Flüchtlinge und darf in einer aufgelassenen Handtaschenfabrik in der Rue Grignan ein „American Relief Center" eröffnen. Dort sitzen Fry, „Beamish" und Miriam Davenport nun von früh bis spät und empfangen Hilfesuchende. Wenn jemand nicht auf der Liste verzeichnet

Bil Spira, Selbstporträt um 1930
Der Wiener Karikaturist fälschte in Marseille Reisepapiere für Flüchtlinge.

ist, wird ihm etwas Geld und ein Empfehlungsschreiben für den amerikanischen Konsul mitgegeben. Jenen, die auf Frys Liste stehen, wird zugeflüstert, sie mögen sich für gewisse „Reisepläne" bereithalten.

In diesen ersten Tagen in Marseille fällt Fry am Hafen ein geschickter Straßenzeichner aus Wien auf. Er hält sich mit den Münzen über Wasser, die man ihm in den Hut wirft. Der Wiener gibt sich als Bill Freier aus, obwohl er eigentlich Bil Spira heißt. „Freier" nennt er sich seit jenem glücklichen Tag, an dem ihn die Gestapo in Wien im Herbst 1938 wieder freiließ. Wie Bruno Kreisky und hunderte andere Juden und Regimegegner hatte die Nazis den damals 25-jährigen Spira gleich nach dem Einmarsch in die als Gefängnis genützte Volksschule in der Karajangasse beim Wiener Augarten gepfercht und erst nach Monaten wieder entlassen. Spira hatte bis zum Verbot der sozialdemokratischen Presse im Jahr 1934 Karikaturen für die „Arbeiter Zeitung“ und das rote Boulevardkleinformat „Kleines Blatt“ gezeichnet.

Spira, nun Freier, floh sofort nach seiner Entlassung nach Paris.

Jetzt ist er mit seiner Geliebten Mina, die er in einem französischen Internierungslager geheiratet hat, in Marseille und versucht, so wie alle anderen möglichst schnell von diesem gefährlichen Ort wegzukommen. Bil Spira lässt sich dennoch von Fry dazu überreden, vorderhand noch zu bleiben, um anderen Flüchtlingen zu helfen. So könne er ein wenig Geld für die weitere Flucht verdienen, argumentiert der Amerikaner. Und Spira braucht Geld, Mina ist schwanger.

Bil Spira ist genau der richtige Mann für Frys Mission: Er hat die zeichnerische Fertigkeit, Dokumente zu fälschen und er hält ganz sicher dicht. Fry kauft am Marseiller Schwarzmarkt holländische und belgische Pässe – sie sind grafisch weniger raffiniert als die Dokumente anderer Staaten –, er besorgt Spezialtinte und lässt die Reisepapiere von Spira „bearbeiten“. Der schneidet mit einem Skalpell die Stempelmarken heraus, entfernt auf dieselbe Weise das Passfoto und ersetzt es durch ein Bild des neuen Passinhabers. Dann zeichnet er mit feinster Feder den Stempel nach.

Auch Blankoausweise kann man in den Tabakläden erstehen. *„Bil setzte dann die Personalien ein und fälschte den Stempel der Präfektur, der das Papier zum offiziellen Dokument machte“*, beschrieb Varian Fry später die Arbeit seines Fälschers.

Wenn der Pass zu unbenutzt erscheint, imprägniert ihn Spira mit einigen Tropfen Wasser und Zigarettenasche, die er mit feinem Sandpapier in das Reisedokument reibt. *„Und schließlich trampelte ich noch mit nackten Füßen darauf herum“*, schrieb Spira in seinen Erinnerungen.

Die ersten Flüchtlinge, die Fry mit von Spira gefälschten Papieren über die spanische Grenze bringt, stehen allesamt auf der Liste, die ihm das „Emergency Rescue Committee" in New York mitgegeben hat. Der vielleicht gefährdetste von ihnen ist der 39-jährige Journalist Konrad Heiden – ihn hasst Adolf Hitler persönlich.

Heiden, er hatte in der Weimarer Republik für verschiedene linke und liberale Zeitungen in Berlin geschrieben, begleitete Hitlers Karriere jahrelang journalistisch. Seine Reportagen über die Auftritte des „Führers" wurden mit großer Aufmerksamkeit verfolgt. Er selbst schrieb später in der Emigration darüber: *„Ich habe Hitler in den Jahren des Aufstiegs viele Dutzend Male aus nächster Nähe zugehört, ihn auch gelegentlich im privaten Zirkel aus geringer Entfernung beobachten können. Aber wenn dabei für mein damaliges Gefühl etwas Faszinierendes war, so war es das Publikum. Über die Reden selbst stand mein frühreifes Urteil fest: alles Unsinn, alles gelogen, und zwar dumm gelogen, daß jeder, so meinte ich, das doch sofort einsehen müsse. Stattdessen saßen die Zuhörer wie gebannt, und manchem stand eine Seligkeit auf dem Gesicht geschrieben, die mit dem Inhalt der Rede schon gar nichts mehr zu tun hatte."*

Konrad Heiden verließ Deutschland 1933, unmittelbar nach der Machtergreifung der NSDAP. 1936 gab er im Züricher „Europa Verlag" eine zweibändige Hitler-Biografie heraus, in der er erstmals dessen streng geheim gehaltenen familiären Hintergrund ausleuchtete. Die Biografie – obwohl in Deutschland natürlich verboten – wurde im Rest Europas auf Anhieb 60 000 Mal verkauft. In der Folge erschien „Adolf Hitler – Das Leben eines Diktators – Das Zeitalter der Verantwortungslosigkeit" auch in englischer und französischer Sprache.

Konrad Heiden steht in diesem Sommer 1940 erwartungsgemäß ganz oben auf der Fahndungsliste der deutschen Besatzer. Andere Flüchtlinge, die Heiden in Marseille beim Spazierengehen treffen, sind entsetzt: Wie konnte er es wagen, sich öffentlich zu zeigen? Niemandem wurde von Hitler persönlich so wütend der Tod an den Hals gewünscht wie Heiden, dem nun 38-jährigen Münchener Journalisten.

Bil Spira fabriziert für Heiden einen falschen tschechoslowakischen Pass auf den Namen David Silbermann.

Unter den ersten Flüchtlingen, die Fry mit von Spira gefälschten Pässen über die Grenze bringt, ist auch der berühmte Mathematiker Emil Gumbel, der an der Universität Heidelberg schon vor Hitlers Machtübernahme Zielscheibe antisemitischer Studentenkrawalle war. Der Biochemiker Otto Meyerhof bekommt ebenfalls einen von Bil Spira gefälschten Pass. Er ist eine Koryphäe: 1922 hatte Meyerhof für seine Studien über den Stoffwechsel des menschlichen Muskelapparats den Nobelpreis bekommen.

Und auch Hertha Pauli kann mit einem von Spiras Pässen entkommen. Sie holt ihn bei Varian Fry im „Hotel Splendide" ab und beschreibt das Zusammentreffen so: *„Ein junger Mann in Hemdsärmeln, der vor einem leeren Tisch saß, studierte ein Blatt Papier in seiner Hand, statt mich zu beachten. Ich wartete verlegen und fragte mich, ob ich wohl am rechten Ort sei. Da hob der junge Mann wie zerstreut den Kopf und warf mir durch seine Hornbrille einen flüchtigen Blick zu. ‚Miss Pauli', sagte er trocken, ‚well – Sie stehen auf meiner Liste'".*

Walter Mehring, der mit ihr gemeinsam das Telegramm an Thomas Mann verfasst hatte, das die geheime Rettungsaktion erst in Gang brachte, muss in Marseille bleiben. Seine Papiere sind noch nicht komplett. Er entkommt erst ein halbes Jahr später in höchster Not.

Bil Spira selbst gelingt die Flucht nicht mehr. Im Frühjahr 1941 wird er von einem Spitzel verraten, die Franzosen internieren ihn in einem Lager und liefern ihn im August 1942 an die Gestapo aus. Nach einem schrecklichen Leidensweg durch die Konzentrationslager Auschwitz, Buchenwald und Theresienstadt befreit ihn die Rote Armee am letzten Tag des Zweiten Weltkriegs, dem 8. Mai 1945. Spira wiegt nur noch 35 Kilogramm.

Er will nicht mehr zurück nach Wien, das er sieben Jahre zuvor als vermeintlich „Freier" verlassen hat, und geht nach Frankreich, um seine Frau und seinen vierjährigen Sohn zu suchen, den er noch nie gesehen hat.

Bis zu seinem Tod im Jahr 1999 lebt Bil Spira mit seiner Familie als Karikaturist in Paris.

Pyrenäen, 12. September 1940

ÜBER DIE BERGE

Um fünf Uhr früh sammelt sich an diesem drückend heißen Dienstagmorgen ein kleines Grüppchen vor dem Bahnhof St. Charles in Marseille – vier Männer und zwei Frauen. Varian Fry, er ist einer der sechs und der Lotse der Gruppe, hat entschieden, dass die Flucht über die Berge die einzige Möglichkeit ist, um diese in ganz Europa bekannten Menschen aus dem besetzten Frankreich zu bringen. Würden Franz und Alma Werfel, Heinrich und Nelly Mann sowie Heinrichs Neffe Golo Mann bei der zuständigen Präfektur um ein französisches Ausreisevisum ansuchen, ginge diese Information mit einiger Wahrscheinlichkeit umgehend an den Marseiller Gestapo-Stützpunkt. Und das wäre das Ende. Also muss gewagt werden, was der fast 70-jährige Heinrich Mann bereits seit Langem befürchtet hatte: der Weg über die Pyrenäen.

Entsprechend bestürzt ist Varian Fry, der diese europäische Kunst- und Kulturprominenz in Sicherheit bringen soll, als er seine Schützlinge nun hier stehen sieht: Zwölf große Koffer haben sie mitgebracht, sieben davon gehören Alma. Sie waren in Lourdes verlorengegangen und sind erst kürzlich vollzählig nach Marseille gebracht worden. Heinrich Mann ist ein betagter, fragiler Mann. Franz Werfel ist zwar erst 50, aber er hat vor zwei Jahren einen Herzinfarkt erlitten und ist übergewichtig. Alma hat kein passendes Schuhwerk, sie trägt Sandalen und überdies ein weißes Kleid – keine ideale Tarnung bei einer geheimen Mission. Und Nelly Mann, das einzige Proletarierkind in der illustren Runde, stellt zur Diskussion, ob man diesem Amerikaner wohl trauen könne, der da verspricht, er werde sie sicher über die Pyrenäen nach Spanien führen. Fry gibt Nelly zu verstehen, dass er ein wenig Deutsch kann und durchaus vertrauenswürdig sei.

Die Gruppe fährt mit der Bahn 250 Kilometer in den französischen Grenzort Cerbère (siehe Karte Seite 86). Hier wurde einige Jahre zuvor ein Eisenbahntunnel durch die Berge geschlagen. Hinter dem Tunnel liegt Port-Bou, die spanische Grenzstation. Aber dieser Weg ist der Gruppe versperrt: Der französische Grenzposten würde sie ohne Ausreisevisum nicht in den Waggon lassen.

Der Zug aus Marseille erreicht erst am späten Nachmittag Cerbère, die Nacht verbringen die prominenten Flüchtlinge in einem Hotel und treffen letzte Vorbereitungen für die riskante Tour über die Berge. Heinrich und Nelly Mann haben tschechische Papiere, die auf ihren echten Namen lauten, aber sie haben von Fry auch amerikanische Dokumente bekommen, die sie als „Familie Heinrich Ludwig" ausweisen. Auf den spanischen und portugiesischen Durchreisepapieren firmieren sie ebenfalls als „Ludwig". Der Name Mann ist zu bekannt. Heinrich Mann muss alle Taschentücher mit Monogramm zurücklassen und sogar seine Initialen „H. M." aus der Hutkrempe kratzen.

Während Fry mit den zwölf Koffern im Zug durch den Grenztunnel rollt, führt sein Helfer Dick Ball, ein Amerikaner, dem in Frankreich eine Fettfabrik gehört, die kleine Gruppe zu einem Pfad, der hinter der Stadt in die Berge führt. Der Pfad über die Pyrenäen soll den Tunnel großräumig umgehen und auf spanischer Seite bei der Grenzstation wieder ins Tal führen. Den Spaniern seien französische Ausreisepapiere egal, heißt es in den Cafés von Marseille.

Franz Werfel hatte von Beginn an berechtigte Angst, die Tour nicht zu schaffen. Jetzt, am Fuß dieser hohen Berge, mahnt er noch einmal zur Umkehr: Heute sei Freitag, der 13., da könne man ein so riskantes Projekt nicht in Angriff nahmen. Alma redet ihrem Franz seinen vorgeblichen Aberglauben mit deutlichen Worten aus.

Allein der zweistündige Aufstieg auf den 700 Meter hohen Rumpissa-Kogel verlangt an diesem heißen Septembertag vielen in der Gruppe alles ab. Der 30-jährige Golo bewältigt die Strecke leicht, auch Alma – immerhin schon 61 Jahre – habe *„die Strapazen erstaunlich gut überstanden"*, wie Golo Mann viele Jahre später in einem Interview erzählte.

„Bald kletterten wir weglos", schreibt Alma Mahler-Werfel in ihren Erinnerungen: *„Die Ziegen vor uns stolperten, die Schiefersteine schimmerten, sie waren spiegelglatt und wir mussten hart an Abgründen vorbei. Zum Festhalten, wenn man ausglitt, gab es nur Disteln."*

Der fast 70-jährige Heinrich Mann tut sich besonders schwer, wie er einige Jahre später in seinem Buch „Ein Zeitalter wird besichtigt" festhielt: *„Bald verlor sich der Weg im Gestrüpp. Von einem Steinblock zum anderen mussten wir eine leidliche Verbindung finden. Ich hatte seit Jahrzehnten keinen beträchtlichen Berg mehr bestiegen, war ungeschickt und nicht mehr jung. Ich fiel recht oft in die Dornen. In die Füße drangen sie ohnehin. Mehrmals unterstützte mein Neffe mich, dann überließ er es meiner Frau, die an sich selbst genug gehabt hätte."*

Heinrich, Nelly und Golo Mann kommen nur langsam voran und treffen erst lange nach den Werfels im Tal ein. Heinrich ist schwer mitgenommen, Nelly ist gezeichnet, wie Alma berichtet: *„Nelly Mann hatte ihren alten Mann mehr getragen als geführt, ihre Strümpfe hingen wegen der Disteln am Weg in Fetzen von ihren blutenden Waden."*

Fry wartet mit dem Gepäck am Bahnhof von Port-Bou, aber die Gruppe verspätet sich um Stunden. Ihr amerikanischer Führer Dick Ball war vor der spanischen Grenze umgekehrt und nach Cerbère zurückgegangen. Alma hatte die Grenzpolizisten mit Zigaretten und Trinkgeld beschenkt. Die Beamten machten keine Probleme – wohl auch deshalb, weil sie als Katalanen im Bürgerkrieg gegen Francos Faschisten gekämpft hatten und daher mit den Flüchtlingen aus Nazi-Deutschland sympathisierten.

Port-Bou erreichen die Werfels und die Manns völlig erschöpft, nur der junge Golo ist noch bei Kräften. Die Gruppe übernachtet in einem im Bürgerkrieg zerschossenen Hotel in Port-Bou. *„Das ganze Haus sah aus wie ganz Spanien, es war eine blutende Wunde"*, schreibt Alma.

Um sechs Uhr früh geht der Zug nach Barcelona und von dort in einer 15 Stunden dauernden Zugfahrt nach Madrid.

Hatten es die Flüchtlinge in Katalonien meist mit Anhängern der Republikaner zu tun, war das in Madrid anders. Die Hauptstadt war bis zuletzt von den Anti-Franco-Kräften gehalten worden, bevor ein

Teil ihrer Truppen zu den Faschisten überlief, die berühmte „fünfte Kolonne" Francos, die diesen Begriff erst prägte. Der Faschisten-General wütete nach der Einnahme Madrids unter den Verteidigern: Tausende Linke wurden in die Gefängnisse der Stadt gepfercht und dort erschossen.

Als die Manns und die Werfels in Madrid ein Hotelzimmer buchen, werden sie schon vom Portier entsprechend empfangen, wie sich Alma Mahler-Werfel später erinnerte: *„Jetzt kommt ihr Juden daher, weil ihr überall hinausgeschmissen wurdet!"* Am Flughafen, wo Alma Tickets für den Weiterflug nach Lissabon holen will, hängen an den Wänden Bilder von Hitler, Mussolini und Franco. Ironie der Geschichte: Ausgerechnet die deutsche Lufthansa befördert die Flüchtlingsgruppe in die portugiesische Hauptstadt.

Die Rolle des seit Mai 1939 von den Faschisten regierten Spaniens gegenüber den meist jüdischen Emigranten war ambivalent: Zwar wurden immer wieder Flüchtlinge verschleppt, verhaftet und interniert, dennoch unterschied sich die Politik Francos von jener völlig willfährigen des Pétain-Regimes in Vichy-Frankreich. Dies wohl nicht zuletzt deshalb, weil der lange Arm der Gestapo zwar bis Marseille, aber nicht bis Madrid reichte. Die Kooperation des NS-Regimes mit Franco-Spanien auf geheimpolizeilicher Ebene beruhte auf einem Abkommen, das die gegenseitige Auslieferung „politischer Verbrecher" festschrieb. Es wurde jedoch nie ratifiziert und war daher nur eine Absichtserklärung ohne bindende Verpflichtung. Die spanischen Behörden gingen pragmatisch vor, indem sie das Abkommen je nach Bedarf erfüllten oder ignorierten.

NS-Deutschland sah das mit Ingrimm: Immerhin hatte Hitlers berühmte „Legion Condor" Franco im Bürgerkrieg unterstützt und war 1937 einen als Abschreckung gedachten Terrorangriff auf die baskische Stadt Guernica geflogen. Hunderte Menschen verbrannten damals in den Ruinen. Hitler wollte die Möglichkeiten seiner Luftwaffe für den Einsatz gegen England testen.

Aber Franco versuchte einigermaßen neutral zu bleiben, nicht zuletzt aus Furcht vor Angriffen der Briten auf das kaum mit Abwehrwaffen ausgestattete Spanien. Hitler war enttäuscht. 1942 mäkelte die

NS-Zeitschrift „Das Reich", in den vergangenen Jahren seien 40 000 Flüchtlinge ungehindert über Spanien entkommen. Das spanische Außenministerium erklärte daraufhin gegenüber dem deutschen Presseattaché eher kühl, es sei Angelegenheit der Deutschen, die Grenzen ihres Machtbereiches zu überwachen.

Spanien, das hatte sich unter den in Marseille festsitzenden Flüchtlingen rasch herumgesprochen, ist ein einigermaßen sicheres Durchgangsland.

Varian Fry eskortiert die weit oben auf der Rettungsliste des „Emergency Rescue Commitees" stehenden Familien Mann und Werfel noch von Port-Bou nach Barcelona. In den folgenden Wochen nutzt er den verschwiegenen Weg zwischen Cerbère und Port-Bou, um weitere Flüchtlinge über die französisch-spanische Grenze zu bringen, darunter auch Marta und Lion Feuchtwanger, die von Bil Spira mit falschen Papieren ausgestattet wurden. Den Namen darauf hat Feuchtwanger selbst ausgewählt: „Weltcheek". Es war sein Künstlername in den frühen Jahren in Berlin.

Doch plötzlich kommen der in Südfrankreich schnüffelnden Gestapo Gerüchte über den geheimen Pyrenäen-Pfad zu Ohren und sie befehlen den französischen „Gardes mobiles", also der beweglichen Grenzpolizei, die Strecke zwischen Cerbère und Port-Bou genau zu überwachen. Diese Route ist nun nicht mehr begehbar.

Da wird Fry zugeflüstert, ein Ehepaar aus Österreich oder Deutschland habe eine neue Route entdeckt und bringe seit einiger Zeit über diesen noch unentdeckten Pfad Flüchtlinge nach Spanien.

Bei den Schleusern handelt es sich um Lisa und Hans Fittko, beide 30 Jahre alt und seit 1933 auf der Flucht. Die in Wien aufgewachsene Lisa, geborene Ekstein, und ihr Mann Hans hatten von Beginn an Widerstand gegen Hitler geleistet. Die beiden wären bei einer Flugblattaktion in Berlin fast geschnappt worden und konnten im letzten Augenblick nach Prag fliehen. Über die Schweiz und Holland verschlug es die Fittkos nach Paris. Auch sie wurden in Internierungslager für unerwünschte Ausländer gesteckt. Als die Deutschen in Frankreich einfielen, brachen beide aus und trafen sich in Montauban wieder, an dieser Zwischenstation der Verzweifelten.

Die Fittkos schlugen sich nach Marseille durch und nahmen den Kampf um die nötigen Papiere auf: Ausreisevisum aus Frankreich, Durchreisevisa für Spanien und Portugal, Einreisevisum für die USA, Schiffsticket.

In dieser Situation bekamen sie einen wichtigen Tipp: Von der Ortschaft Banyul-sur-Mer aus, etwas nördlich der Grenzstadt Cerbère gelegen, gebe es einen alten Schmugglerpfad über die Pyrenäen. Er liege etwas westlich von jenem, den Varian Fry benutzte, und er sei länger und beschwerlicher als der Weg von Cerbère nach Port-Bou. Aber die Deutschen kennen ihn noch nicht. Das sei eine Möglichkeit, auch ohne Ausreiseerlaubnis aus Frankreich wegzukommen. Für die Fittkos, der Gestapo bekannte Widerstandskämpfer, wäre das Ansuchen um ein „visa de sortie" ohnehin zu riskant gewesen.

Sie beschließen, auf diesem Pfad zunächst einige andere Flüchtlinge und dann – wenn sie alle Papiere beisammen haben – sich selbst über die Grenze zu retten. Ende September 1940 bringen sie die erste kleine Gruppe über die Berge, eine Mutter mit ihrem Sohn und den 48-jährigen Walter Benjamin.

Den Philosophen und Kulturkritiker hat die Emigration psychisch schwer mitgenommen. Schon in Paris war es ihm schlecht gegangen, dann folgte die Internierung in einem französischen Lager und schließlich, nach dem Vorrücken der Wehrmacht, die beschwerliche Flucht in Frankreichs Süden.

Mehrmals hatte Benjamin versucht, aus Marseille wegzukommen, einmal hatte ihn jemand mit dem Versprechen, ihn auf einem Frachtschiff außer Landes zu bringen, in eine Matrosenuniform gesteckt. Vergeblich, der Frachter lief nie aus.

Lisa und Hans Fittko sind seine letzte Hoffnung. Er will nach Spanien und von dort nach Portugal. In Lissabon laufen noch Schiffe aus und Benjamin hat ein gültiges US-Visum, das ihm sein schon in New York lebender Freund Theodor Adorno besorgt hat. Benjamin weiß: Erreicht er Lissabon, ist er gerettet.

Aber die neue Route über die Pyrenäen ist lang: Neun Stunden dauert allein der Aufstieg zum kleinen Pass, hinter dem Spanien liegt. *„Der Begriff ‚Weg' wurde mehr und mehr zur Übertreibung"*, schrieb

Lisa Fittko später in ihren Lebenserinnerungen. *„Dann und wann war ein Pfad zu sehen, häufiger aber war es nur eine kaum erkennbare Spur zwischen den Geröllblöcken."* Walter Benjamin kämpft sich den Berg hoch, stets eine schwarze Aktentasche mit einem angeblich lebenswichtigen Manuskript umklammernd. Die Gruppe hat zu wenig Wasser mitgenommen. Benjamin trinkt aus einer schmutzigen Pfütze und schlägt alle Warnungen, er könnte sich auf diese Weise Typhus holen, in den Wind: Ohne Wasser schaffe er es nicht länger und wenn er jenseits der Grenze an Typhus sterbe, sei das egal – wenigstens das Manuskript in seiner schwarzen Aktentasche sei dann in Sicherheit.

Spätabends erreicht die kleine Gruppe Port-Bou. Lisa Fittko ist an der Passhöhe umgekehrt und inzwischen wieder in Banyul. An der Grenzstation, wo Benjamin nach dem Abstieg vom Berg nun sein Durchreisevisum präsentiert, um sich einen Stempel in den Pass zu holen, erfährt er eine niederschmetternde Neuigkeit: Die Regierung habe soeben dekretiert, dass niemand mehr ohne französisches Ausreisevisum in Spanien einreisen dürfe. Die Rückschiebung über die Grenze per Eisenbahn ist für den nächsten Tag geplant.

In der heruntergekommenen Pension, in der Walter Benjamin nun ein Zimmer mietet, diktiert er noch einen Abschiedsbrief an seinen Freund Theodor Adorno, dann nimmt er eine Überdosis Morphium. Das Gift hatte er immer bei sich, in Marseille hatte er einen Teil davon an seinen Freund, den Schriftsteller Arthur Koestler, abgegeben, der allerdings keinen Gebrauch davon machte.

Man findet Walter Benjamins Leiche am nächsten Tag. Im Totenschein wird eine Gehirnblutung als Todesursache vermerkt. Benjamin wird am Friedhof von Port-Bou beigesetzt, Trauergäste gibt es nicht.

„Die Juden sterben in Europa und man vergräbt sie wie die Hunde", schreibt Hannah Arendt an einen Freund in Palästina, als sie vom Tod Walter Benjamins erfährt.

Die schwarze Aktentasche mit dem unbekannten Manuskript, die Benjamin beim beschwerlichen Weg über die Berge umklammert hielt, wird im Polizeiakt erwähnt, dann bleibt sie für immer verschwunden. Das spanische Einreiseverbot für Flüchtlinge ohne französisches „visa de sortie" wird übrigens nicht exekutiert – Benjamin hatte zu früh die Nerven verloren.

Als Varian Fry Anfang Oktober 1940 die Fittkos ausfindig macht, haben diese schon alle ihre Papiere beisammen und sind bereit, selbst über die Grenze zu gehen, um sich dann in Lissabon nach New York einzuschiffen. Fry bittet sie eindringlich, ihm beim Flüchtlingsschmuggel nach Spanien zu helfen: Sie kannten den Weg, hatten Erfahrung in der Untergrundarbeit und waren jung genug für ein solches Unternehmen – gerade etwas über 30, so wie Fry selbst. Der Amerikaner verspricht ihnen nach Abschluss der Schlepperaktion Schiffstickets.

Die Fittkos lassen sich überreden. Eine Bezahlung lehnen sie aus politischen Gründen ab. Als Widerstandskämpfer verlangen sie von Fry nur so viel Geld, dass sie ein Haus am Rande der Weinberge mieten können. Der noch amtierende sozialistische Bürgermeister von Banyul verhilft ihnen dazu. Dieses Haus soll der Sammelpunkt vor dem Pyrenäen-Übergang werden.

Mehr als 100 Flüchtlinge werden in den folgenden sechs Monaten auf dieser Route nach Spanien gebracht. Kein einziges Mal wird ein Treck von der Polizei geschnappt.

Aber Fry hat den Fittkos zu viel versprochen. Die Beschaffung der Tickets ist inzwischen äußerst schwierig geworden, von Lissabon aus laufen keine direkten Passagierschiffe mehr in die USA aus.

Erst im Oktober 1941 bekommen Lisa und Hans Fittko ein Visum für Kuba. In einem eher kleinen Schiff, der „SS Colonial", legen sie in Portugal Richtung Havanna ab, die Überfahrt wird schrecklich, wie Lisa Fittko später schreibt: *„Unglaubliches Gedränge. Wir liegen noch in der Bucht und schon geht das Kotzen los. So viele Menschen, man kann sich kaum rühren, darunter viele alte Leute und kleine Kinder. Die meisten sind jüdisch, nur eine Handvoll ‚Arier' dazwischen. Wir schlafen tief unten in einem dunklen Riesenraum ohne Luken, dort, wo man sonst das Gepäck verstaut. Männer auf der einen Seite des Schiffes, Frauen und Kinder auf der anderen. Fast alle sind seekrank, uns anderen wird vom Gestank übel."*

Mehrere Passagiere sterben während der zwölf Tage dauernden Atlantik-Querung.

Die Fittkos lassen sich in Havanna nieder, erst 1948 dürfen sie in die USA weiterreisen. Lisa arbeitet in der kubanischen Hauptstadt in einer Ausbildungsstätte für jüdische Flüchtlinge, Hans schreibt an einem Buch, das nie erscheinen wird. Im unveröffentlichten Manuskript heißt es: „*Eines Tages wird den Nazis alles tausendfach zurückgezahlt. Nicht mit ihren Methoden. Niemals werden wir dazu herabsinken, andere zu foltern ... Die Nazi-Mörder müssen von Deutschland selbst abgeurteilt werden. In jedem Dorf, in jeder Stadt sind sie bekannt. Zu Gericht sitzen müssen die besten des deutschen Volkes, die Widerstandskämpfer.*"

Lissabon, September/Oktober 1940

EIN SCHIFF WIRD KOMMEN

„Das Leben, das hier herrscht, steigert sich von Tag zu Tag. Immer neue Flüchtlinge aus Frankreich und aus den von den Deutschen okkupierten Gebieten kommen an. Am Rossio-Platz im Zentrum der Stadt, hört man kaum ein Wort Portugiesisch. Hingegen vernimmt man so ziemlich sämtliche Sprachen und Idiome, die es gibt, vor allem aber Französisch, Englisch und Deutsch. Lissabon ist ausverkauft. Als Vergleich kann man vielleicht die paar Wochen in Salzburg während der alten Festspiele heranziehen: die Hotels sind überkomplett, man vermietet Badezimmer und legt die Matratzen in die Korridore."

So beschreibt der ebenfalls in Lissabon gestrandete Journalist Eugen Tillinger in der Emigrantenzeitschrift „Aufbau" – sie erscheint in New York – die Lage in Portugals Hauptstadt im Frühherbst 1940.

Auch Franz Werfel und seine Frau Alma haben es nun nach Lissabon geschafft, die letzte Stadt ihrer europäischen Flucht-Odyssee. *„Es war schon Abend, als wir in Lissabon ankamen – der Flugplatz noch nicht fertig und ohne Licht. Wie überall auf Ämtern standen wir stundenlang sinnlos herum,* schreibt Alma Mahler-Werfel in ihren Lebenserinnerungen. Aber im freundlichen Portugal bessert sich bald ihre Stimmung: *„Endlich ein Hauch von Freiheit für uns! In der Nähe von Lissabon, im Estoril-Hotel, mußten wir nun zwei Wochen warten. Die ersten Tage einer paradiesischen Ruhe in einem paradiesischen Lande sind unvergesslich, nach der Qual der letzten Monate."*

Portugal im südwestlichen Winkel des Kontinents ist nun der letzte Ort, wo Europa den Flüchtenden noch ein wenig Sicherheit bietet: Die Schweiz und Schweden haben ihre Grenzen weitgehend dichtgemacht; Holland, Belgien und Frankreich sind bereits von Nazi-Deutschland besetzt oder – was den Süden Frankreichs betrifft –

polizeilich kontrolliert. Spanien lässt Flüchtlinge meist unbehelligt durchreisen, aber nicht auf Dauer bleiben. Einige auf Mallorca lebende Juden werden sogar ausgewiesen, sie müssen sich in einem Drittland eine neue Heimat suchen.

Fast der gesamte Rest Kontinentaleuropas ist in der Hand der Achsenmächte Deutschland und Italien – und das noch unbesetzte Griechenland wird ebenfalls bald Kriegsschauplatz sein.

Wie auf der letzten noch trockenen Stelle eines sinkenden Schiffes, dessen Bug bereits hoch aus dem Wasser ragt, sammeln sich nun rund 12 000 Flüchtlinge aus Deutschland, Österreich, der Tschechoslowakei, aus Polen und noch einem Dutzend anderer Länder in Lissabon. 80 Prozent davon sind Juden.

„Lissabon war der Flaschenhals Europas, das letzte offene Tor des Konzentrationslagers, das sich über ganz Europa erstreckte", schrieb Arthur Koestler später in seinen Erinnerungen an diese Tage in Portugal vor seiner Weiterreise nach England: *„Angesichts dieser einher ziehenden Prozession von Verfolgten wurde einem klar, daß der Katalog der möglichen Gründe für Verfolgung das gesamte Alphabet abdeckte: Von A wie Austrian Monarchist bis Z wie Zionist Jew."*

Portugal war ein kleines Land mit eher schwachem Staatsgefüge. Ende der 1920er-Jahre hatte sich Finanzminister António Salazar (1889–1970), Kind einer armen Landarbeiterfamilie, durch einen strikten Sparkurs die Sympathien der Aristokratie und der gehobenen Mittelschicht erworben. Unterstützt wurde er dabei von Militär und katholischer Kirche. Ab 1928 war Finanzminister Salazar der eigentliche Machthaber, vier Jahre später war er Ministerpräsident und schuf eine neue Verfassung. Jetzt war Portugal ein Einparteienstaat. Salazars Vorbild war Benito Mussolini. Parteien und Gewerkschaften wurden verboten, Salazars Geheimpolizei kontrollierte nicht nur die Portugiesen, sondern mit besonderer Aufmerksamkeit auch Ausländer und vor Hitler geflohene Exilanten. Die Opposition im Land wurde mit einem Netz von Spitzeln und Denunzianten bekämpft.

Dennoch sieht die Politikwissenschaft das Portugal dieser Jahre nicht wie Italien oder Spanien als klassisch faschistische, sondern eher als konservativ-autoritäre Diktatur mit klerikal-faschistischen Zügen.

Im Zweiten Weltkrieg war Salazars „Estado novo" zur Neutralität geradezu gezwungen: Stellte er sich an die Seite der Achsenmächte Deutschland und Italien, würde England nicht nur die portugiesischen Küsten, sondern auch die nur schwach verteidigten afrikanischen Kolonien Angola, Mozambique und Guinea-Bissau angreifen. Unterstützte er die Alliierten, hatte er Angriffe Deutschlands zu befürchten. Bis ins Detail demonstrierte das Salazar-Regime Ausgewogenheit. Selbst an Zeitungskiosken wurden genau ebenso viele englische wie deutsche Zeitungen ausgehängt.

Salazar lavierte ungeniert: Den Alliierten gestattete er Luftbasen auf den Azoren, Deutschland lieferte er das für die Herstellung von Kanonenrohren notwendige Wolfram. Die Gestapo hatte zwar, anders als in Marseille, kein Büro vor Ort, wurde aber von Salazars Geheimpolizei auf dem Laufenden gehalten.

Gefährdete portugiesische Juden, die im europäischen Ausland lebten, ließ der Diktator heimholen.

Portugals Einreisebestimmungen waren bis 1938 recht großzügig gewesen: Deutsche und Österreicher benötigten nur einen Reisepass. Die Aufenthaltsgenehmigung wurde meist problemlos verlängert. Ab Kriegsbeginn, also ab September 1939, mussten Juden und politische Flüchtlinge bei der Einreise ein Visum für ein Land vorweisen, in das sie binnen 30 Tagen weiterreisen mussten. Auch die Vorlage eines bezahlten Schiffstickets war für Flüchtlinge laut einem Erlass Salazars nun obligatorisch.

Wenige Tage nach dem Circular des Diktators entschloss sich ein mutiger portugiesischer Diplomat zum Widerstand gegen diese Maßnahme, die viele Flüchtlinge der Gestapo und damit dem sicheren Tod ausgeliefert hätte. Der 55-jährige Adelige Aristides de Sousa Mendes, Generalkonsul in Bordeaux, ließ innerhalb einer Woche einige hundert portugiesische Visa vergeben und wies auch die ihm unterstellten Konsulate in Toulouse und Bayonne an, großzügig Reisebescheinigungen an Flüchtlinge aus von den Nationalsozialisten besetzten Ländern auszustellen. Diesen wurde auf Geheiß des Generalkonsuls ein für die spanischen Behörden vorgesehener Vermerk in die Pässe gestempelt: „*Die portugiesische Regierung bittet die spanischen Behörden um die Gefälligkeit, dem Träger dieses Dokumentes die freie Durchreise durch Spanien zu gewähren. Der Betreffende ist Flüchtling vor dem europäischen Konflikt und befindet sich auf der Weiterreise nach Portugal.*"

Unter den Beziehern solcher Papiere waren neben tausenden verarmten Flüchtlingen auch Otto Habsburg-Lothringen, Salvador Dalí und Friedrich Torberg. Otto Habsburg konnte dank Sousa Mendes seine gesamte Familie – Mutter Zita und seine sieben Geschwister – mit Einreisepapieren versorgen. Auch sein Adjudant Graf Heinrich Degenfeld reiste mit einem von Portugals Regierung nicht gedecktem Visum ein.

Nach etwa zehn Tagen bekam Salazars Regierung Wind von Sousa Mendes' privater Hilfsaktion. Der Diplomat wurde angewiesen, unverzüglich nach Lissabon zu kommen. Noch auf der Heimreise verteilte der abberufene Generalkonsul am Straßenrand Reisepapiere. In seinem Auto nahm er mehrere jüdische Flüchtlinge über die französisch-spanische Grenze mit.

In Lissabon wurde Aristides de Sousa Mendes sofort in Unehren aus dem Staatsdienst entlassen, die Pension wurde ihm gestrichen.

Der ehemalige Diplomat starb 1954 völlig verarmt. Die jüdische Gemeinde ermöglichte seinen Kindern nach dem Krieg ein Studium in den USA. Die Gedenkstätte Yad Vashem bei Jerusalem ernannte Sousa Mendes 1966 posthum zum „Gerechten unter den Völkern". In Wien wurde 2010 eine Promenade bei der UNO-City nach dem portugiesischen Retter von hunderten Flüchtlingen benannt.

In diesem Frühherbst 1940 ist Lissabon ein Wartesaal für Verfolgte, die verzweifelt eine Möglichkeit zur Weiterreise suchen. Die Kaffeehausgärten rund um den Rossio, dem Platz im Zentrum Lissabons, werden den ganzen Tag lang von politisch Verfolgten und jüdischen Flüchtlingen aus aller Welt bevölkert, die auf ein Schiff warten, das sie in die Freiheit bringen soll – wo immer die auch zu finden sei.

Viele, die auf illegalem Weg nach Portugal eingereist waren, etwa mit einem Visum von Aristide de Sousa Mendes, hatten meist kein Schiffsbillet, das für die Erlangung eines portugiesischen Durchreisevisums vorgeschrieben war, dessen Vorlage vom großzügigen Generalkonsul Sousa Mendes aber nicht verlangt wurde. Sie wurden nun zwar nicht ins Gefängnis gesteckt, durften jedoch einen bestimmten Aufenthaltsort, meist Dörfer im Umland von Lissabon, nicht verlassen.

Eine wichtige Rolle spielten in dieser schwierigen Situation die jüdische Gemeinde Lissabons und die 1927 gegründete jüdische Auswandererorganisation „Hicem". Sie versorgten auf der Flucht völlig Verarmte mit den notwenigsten Gütern und versuchten, Geld für ihre Atlantik-Überfahrt aufzutreiben.

Die vergleichsweise freimütige Lebensart der Emigranten war der portugiesischen Bevölkerung fremd. Die Flüchtlinge durften nicht arbeiten, wer Geld hatte, saß tagein tagaus in einem der Kaffeehäuser. Die Mittellosen – sie waren die Mehrheit – verbrachten die Zeit des Wartens in einem der Parks.

Hafen von Lissabon, 1940
Flüchtlinge warten auf das rettende Schiff.

Hier wie da fühlten sich die Einheimischen verdrängt. Die ausländischen Frauen erregten besonderes Aufsehen, weil sie hochgesteckte Frisuren und kürzere Röcke als die streng katholischen Portugiesinnen trugen. Sie rauchten in der Öffentlichkeit und saßen in den Cafés, die in Portugal traditionell nur von Männern besucht wurden. Die Behörden reagierten auf den steigenden Unmut im Volk: In immer kürzeren Abständen mussten sich die Emigranten bei der Polizei melden.

Auch der Wiener Kabarettstar Karl Farkas ist inzwischen in Lissabon. Nachdem das Internierungslager aufgelöst worden waren, floh er aus Paris und ging über die Pyrenäen nach Spanien. Im Zug nach Lissabon saß er mit einem SS-Mann im Abteil und mimte einen Spanier. *„Wozu ist man ein Schauspieler?“*, wird er über die brisante Szene später albern.

Während er auf ein Schiff wartet, veranstaltet Karl Farkas im Lissaboner „Club Estefania“ Kabarettabende. Titel der gutbesuchten Veranstaltungen: „Lissabon lacht wieder“. Der Erlös geht zum Teil an die jüdische Hilfsorganisation. „Wien lacht wieder“ hieß vor Karl Farkas' Flucht seine bis dahin erfolgreichste Revue. Aber Wien und Karl Farkas haben nur wenig zu lachen.

Auch Otto Habsburg-Lothringen ist nun in Lissabon. Er war aus Paris zuerst nach Bordeaux geflohen. Schon am 19. Juni 1940, fünf Tage nach dem Fall von Paris, überquert er die Grenze zwischen Frankreich und Spanien und trifft wenig später in Portugals Hauptstadt ein.

In der von Otto Habsburg-Lothringens engsten Vertrauten, Stephan Baier und Eva Demmerle, im Jahr 2002 verfassten Biografie des verhinderten Thronfolgers heißt es, Habsburg habe auf der Durchreise mit Spaniens neuem Machthaber Franco verhandelt. In Portugal sei er von Staatschef António Salazar empfangen worden und habe diesen zur Aufnahme von jüdischen Flüchtlingen gedrängt. Nähere Angaben machen Otto Habsburgs Biografen nicht.

Am 10. Juli 1940 verlassen der Sohn des letzten österreichischen Kaisers und seine Familie Lissabon per Flugzeug Richtung USA. Von New York aus habe Habsburg mit dem Diktator der Dominikanischen Republik, Rafael Trujillo, 3300 und mit Kubas Staatspräsidenten Fulgencio Batista weitere 2000 Visa für Flüchtlinge aus Europa ausverhandelt, schreiben Bauer und Demmerle in der autorisierten Otto-Biografie. Wie und an wen diese Visa verteilt wurden, wird ebenfalls nicht weiter ausgeführt.

Die große Flüchtlingswelle erreicht Lissabon erst einen Monat nach Habsburgs Abreise, im September 1940.

Auch das Ehepaar Polgar hat es jetzt endlich nach Lissabon geschafft. Alfred und Lisl Polgar wurden von Varian Fry und seinen Helfern über die Pyrenäen geschleust. „*Wir sind hier eingetroffen nach einem dreimonatigen Passionsweg, der an mehreren Abgründen und Verzweiflungen allerknappest vorbeigeführt und unsere seelische und physische Widerstandskraft bis zum Äußersten in Anspruch genommen hat*", schreibt Polgar später.

Dass er hier viele Landsleute mit ähnlichem Schicksal trifft, belastet den Wiener eher: „*Diese Vielzahl von Leidensgenossen ist kein Trost für mich. Ich war mein Lebtag so ungern in der Herde.*"

Die Werfels und die Manns sind außerhalb der Hauptstadt untergebracht, sie wohnen in einem Hotel in Estoril. Einmal besucht der junge Golo Mann mit Franz Werfel eine Ausstellung in Lissabon. In ihr wird das Schiff gezeigt, mit dem der portugiesische Entdecker Vasco da Gama um Afrika gesegelt war. Golo und sein neuer Freund, der um 20 Jahre ältere Franz, gehen danach ein Glas Portwein trinken und versäumen den vorletzten Zug nach Estoril. Sie trinken noch einige Gläser und verpassen auch den letzten Zug dieses Tages. „*Franz Werfel war verzweifelt*", erzählte Golo Mann später dessen Biografen Peter Stephan Jungk: „*Er fürchtete, Alma würde ihm Vorwürfe machen, wie früher. Er wirkte in seiner Aufregung so sichtlich überanstrengt, er muß damals schon an einer akuten Herzschwäche gelitten haben.*"

Unter den Flüchtlingen herrscht nur wenig Solidarität. Mitunter bestiehlt man einander sogar. So geschieht es just der resoluten Alma Mahler-Werfel, was sie später so beschreibt: „*Ein Herr B. aus Wien, von unserem Freund Zernatto uns vorgestellt, gab vor, meine zweihundert englischen Pfund zu einem günstigeren Kurse wechseln zu können als in irgendeiner Bank. Ich gab ihm das Geld. Am nächsten Tag beteuerte er, die Pfunde von mir nicht bekommen oder das Ganze verloren zu haben. Es war ein harter Kampf, und Franz Werfel musste einen ganzen Tag auf B. einreden, bis er ihn mürbe gemacht hatte. Er gab uns das Geld eine Stunde vor unserer Abreise nach Amerika zurück.*"

Auch Friedrich Torberg ist jetzt in Lissabon. Er hat die französische Grenze schon Ende Juni mit gültigen Papieren am Grenzübergang Hendaye im Südwesten Frankreichs überquert. Wenige Tage später ist Torberg in der Hauptstadt, wird wegen fehlender Übernachtungsmöglichkeiten aber nach Porto, etwa fünfzig Kilometer nordöstlich von Lissabon, umgeleitet. Quartier findet Torberg in einer Pension namens „Elite": „*Der Korridor wurde von einer mit den eindeutigen Lettern ‚WC' versehenen Milchglastüre abgeschlossen und wenn man sie öffnete, hatte man gute Chancen auf die Straße zu fallen, denn an dieser Stelle war das Haus zu Ende. Links von dem Milchglas war dem Baumeister noch etwas Platz übriggeblieben, zu wenig für einen richtigen Wohnraum, zu viel für das dennoch installierte WC. Dort wohnte ich. Ich wohnte in einem Klosett mit eingebautem Zimmer.*"

In Portugal trifft er nun auch wieder seinen Freund, den Schauspieler Oskar Karlweis, von dem er während der Flucht durch Südfrankreich getrennt worden war.

Torberg, der es im Juni als einer der Ersten nach Portugal geschafft hat, aber immer noch auf das versprochene US-Visum wartet, sieht „*eine Menge Leute, besonders die aus Frankreich kommenden, munter mit dem jeweils nächsten Schiff abschwimmen. Und kein Geld habe ich auch*", schreibt er dennoch zu Scherzen aufgelegt an seinen Freund, den Journalisten Willi Schlamm, der bereits die Vereinigten Staaten erreicht hat.

Mutlos wird Torberg, als er erfährt, dass auch die Ehepaare Werfel und Mann sowie deren Neffe Golo Mann Schiffskarten haben und demnächst, am 4. Oktober, Lissabon Richtung New York verlassen werden: „*Ach ich bin des Winkens müde*", schreibt er an Schlamm.

„*Beim Frühstück Telegramm von Golo und Heinrich aus Lissabon, die auf ein Schiff warten. Freude und Genugtuung!*", trägt hingegen Thomas Mann jenseits des Ozeans glücklich in sein Tagebuch ein. Sein Plan war aufgegangen, jedenfalls was die Rettung seines Sohnes, seines Bruders und seiner Schwägerin betraf. Dieser Fry hatte gut gearbeitet.

Lissabon–New York, 4.–13. Oktober 1940

AN BORD DER „NEA HELLAS"

Wie ein Magnet weit verstreute Eisenteilchen zieht ein unter griechischer Flagge kreuzendes Schiff, das im Hafen von Lissabon ankert, jetzt die Ermüdeten an, die seit fast vier Monaten verzweifelt ihren Verfolgern zu entkommen trachten. Flucht – das ist alles, woran sie seit vielen Jahren denken, und dieses Schiff ist eine der wenigen noch verbleibenden Gelegenheiten, das dem Tode geweihte Europa zu verlassen.

Es sei das letzte Mal, dass die „Nea Hellas" nach New York ablege, wird in Lissabon aufgeregt erzählt. Wegen der deutschen U-Boote seien weitere Atlantik-Überquerungen nicht mehr möglich. Wer jetzt nicht mitkomme, werde es schwer haben, Europa hinter sich zu lassen, raunt man.

Die „Nea Hellas" gehört erst seit einem Jahr einer griechischen Reederei, der „Greek Line". Der 1921 in Glasgow vom Stapel gelaufene Ozeandampfer war ursprünglich ein Schiff der britischen „Anchor Line" und hieß „Tuscania". Sie konnte rund 1500 Personen aufnehmen, verkehrte zuerst zwischen London und New York, später lief die „Tuscania" von England aus indische Häfen an.

Nach der Übernahme durch die Griechen hieß die „Tuscania" nun „Nea Hellas" und befuhr die Route Piräus–Lissabon–New York. Seit Juli 1940 verkehrt die „Nea Hellas" nun einmal im Monat zwischen Lissabon und New York. Die Überfahrt dauert neun Tage in westlicher und zehn Tage in östlicher Richtung.

Und sie ist nicht ungefährlich.

Heinrich, Nelly und Heinrichs Neffe Golo Mann haben Karten für die Überfahrt mit der „Nea Hellas" ergattert. *„Meine Frau war eifrig im Kampf um die Schiffskarten. Ich nahm teil ohne die rechte Über-*

zeugung , als hätten wir reisen können oder nicht", schreibt Heinrich Mann über diese Tage vor der Einschiffung, trotz aller Gefahren noch immer nicht davon überzeugt, dass dieses unbekannte Land auf der anderen Seite des großen Meeres ein Ort für Menschen wie ihn sei.

Die Mann-Familie hatte überdies jeden Grund, der Fahrt über den Atlantik mit Sorge entgegenzusehen. Nur einen Monat zuvor, im September 1940, wäre Golos Schwester Monika bei einer versuchten Atlantik-Überquerung beinahe ertrunken.

Monika Mann, Jahrgang 1910, war nicht unbedingt die Lieblingstochter Thomas und Katja Manns. Sie galt familienintern als wunderlich und schwierig. Monika lebte seit 1934 in Florenz. Dort lernte sie ihren späteren Ehemann kennen, den ungarisch-jüdischen Kunsthistoriker Jenö Lányi. 1938 verließ das Paar Italien und übersiedelte nach London, wo Monika Mann und Jenö Lányi im März 1939 heirateten.

Als die deutsche Luftwaffe im Sommer 1940 ihr Bombardement britischer Städte begann, entschlossen sich die Lányis zur sofortigen Emigration: Sie fürchteten, Nazi-Deutschland werde nach Westeuropa auch England überrennen, wenn es erst sturmreif bombardiert sei.

Am 13. September 1940 stach ihr Schiff, die „City of Benares", in Liverpool mit dem Ziel Quebec/Kanada in See. An Bord befanden sich 406 Menschen, darunter 90 Kinder, die vor den Bombenangriffen der deutschen Luftwaffe in Sicherheit gebracht werden sollten. Vier Tage nach dem Auslaufen, am 17. September, wurde die „City of Benares" bei schwerem Wellengang südwestlich von Island vom deutschen U-Boot U48 torpediert. 30 Minuten nach dem Angriff sank das Schiff. Wegen des heftigen Sturms konnten nur 158 Passagiere die Rettungsboote erreichen.

Monika Manns Rettungsboot wurde in der entlegenen Region nach 20 Stunden gefunden. Ihr Gatte Jenö Lányi ertrank. Sie hörte ihn noch dreimal nach ihr rufen. Ein englisches Kriegsschiff nahm die wenigen Überlebenden an Bord und brachte sie nach Schottland.

Eines der Rettungsboote wurde erst acht Tage später von einem Suchschiff aufgelesen. Die Insassen, sechs Kinder, ein Pfarrer und eine Musiklehrerin, hatten wie durch ein Wunder überlebt. Die anderen 84 Kinder, die von der „City of Benares“ in Sicherheit gebracht werden sollten, ertranken.

Die „City of Benares“ war nicht das erste Schiff, das von deutschen Unterseebooten torpediert in den kalten Fluten des Nordatlantik versank. Schon am 3. September 1939, dem Tag der Kriegserklärung Englands und Frankreichs an Nazi-Deutschland, zerstörte die deutsche U 30 das britische Passagierschiff „Athenia“, das ebenfalls von Liverpool nach Kanada unterwegs war. An Bord waren 1420 Menschen, mehrheitlich jüdische Flüchtlinge aus Polen, Deutschland und Österreich. Ein Torpedo der U 30 traf die „Athenia“ nördlich von Irland. Wegen der Küstennähe beteiligten sich mehrere Hilfsschiffe an der Bergung der Schiffbrüchigen, dennoch starben 112 Menschen, darunter zwölf Kinder.

Die für den transatlantischen Linienverkehr gebaute „Oropesa“ wurde nordwestlich der britischen Grafschaft Donegal versenkt. 106 der 243 Passagiere kamen ums Leben. Die meisten von ihnen waren aus den von Hitler-Deutschland besetzten Gebieten nach England geflohen.

Die „Almeda Star“, ausgelaufen in Liverpool, sollte 360 Menschen nach Südamerika bringen, darunter viele Flüchtlinge aus Festland-Europa. Der Angriff der deutschen U 96 erfolgte westlich der Hebriden-Inseln und dauerte mehr als zwei Stunden. Nach dem letzten Fangschuss sank das Schiff innerhalb von drei Minuten. Es gab keine Überlebenden.

Der nördliche Atlantik war zwischen 1939 und 1942 eine Todesfalle, wie es heute das Mittelmeer für Flüchtlinge aus dem Nahen und Mittleren Osten und aus Afrika ist. Mit dem Kriegseintritt der USA erlag der transatlantische Schiffsverkehr schließlich völlig.

Die „Nea Hellas“, die an jenem 4. Oktober 1940 aus Lissabon auslaufen soll, ist ein gefährdetes Schiff. Ihren Heimathafen Piräus lief sie seit Monaten nicht mehr an, weil es im Mittelmeer mehrere beunruhigende Sichtkontakte mit deutschen U-Booten gegeben hatte. Überdies hatte Italien im Frühjahr 1940 Albanien besetzt. Hitlers Verbündeter Benito Mussolini schickte sich in seinen „Mare nostro“-Fantasien bereits an, auch Griechenland unter seine Kontrolle zu bekommen.

Seit Jänner 1940 hatte die „Nea Hellas" achtmal den Ozean Richtung USA überquert, und immer hatte sie viele Flüchtlinge an Bord.

Die lenkende Hand des „Emergency Rescue Comittees" ist an diesem 4. Oktober 1940, an dem die „Nea Hellas" Europa verlässt, an der Passagierliste abzulesen. Auf ihr stehen viele jener Namen, die auf Varian Frys Liste angeführt waren. Fry, der von Thomas Mann, dem amerikanischen Gewerkschaftsbund und dem New Yorker „Museum of Modern Art" als Schlepper nach Europa entsandte Journalist, hat in nur sechs Wochen nach seiner Ankunft – er kam erst Mitte August nach Marseille – bereits einen beträchtlichen Teil der 200 besonders gefährdeten Künstler, Schriftsteller und Politiker über die Pyrenäen oder andere Fluchtwege nach Spanien und von dort nach Portugal gelotst.

Lion Feuchtwanger hatte er schon zehn Tage vor dem Auslaufen der „Nea Hellas" auf der britischen „Excalibur" untergebracht. Feuchtwanger ist bereits in New York gelandet und wird von allen namhaften Blättern der Stadt zum Interview gebeten.

Seine Frau Marta kommt nun mit der „Nea Hellas" nach.

Auch Franz Werfel und Alma sind auf dieses Schiff gebucht, Alma nun wieder mit komplettem Gepäck. Am Schiff treffen die Werfels einen alten Freund, Fritz von Unruh, den expressionistischen Schriftsteller, dessen Stücke in Berlin meist von Max Reinhard inszeniert worden waren. Der radikale Pazifist war schon vor der Machtergreifung Hitlers Zielscheibe von Angriffen rechter Schlägertrupps gewesen, er verließ Deutschland bereits 1932. *„Bald werden auf dem Potsdamer Platz in Berlin die Schafe weiden"*, prophezeite Fritz von Unruh im Abgang aus der deutschen Hauptstadt seherisch.

Die Familie Döblin hat ebenfalls Billets für die „Nea Hellas". Vater Alfred, Mutter Charlotte und ihr Sohn Stephan warten im Hafen von Lissabon. *„Als schließlich das Signal zum Einsteigen gegeben wurde, entstand ein Gedränge, so daß ein Beamter begütigend herunter rief: ‚Nicht stoßen, Herrschaften, nicht drängen. Hier sind die Nazis nicht hinter euch her'"*, schreibt Alfred Döblin später über das Verlassen seiner alten Welt.

Alfred und Lisl Polgar sind überrascht, wie viele Bekannte und Fluchtgefährten nun mit ihnen die „Nea Hellas" betreten: *„Literatur zur Genüge"*, notiert Polgar angesichts der Passagierliste für einen Brief an seinen Verleger Carl Seelig, den er erst auf hoher See abschicken will – das kann die Transatlantik-Schifffahrt des Jahres 1940 schon.

Alfred Polgar weiß, dass seine mitreisenden Schriftstellerkollegen wenigstens halbfertige Manuskripte oder Skizzen in ihren Fluchtkoffern haben, während er alle Aufzeichnungen in Paris zurücklassen musste. *„So leer wie ich landet keiner von denen in Amerika"*, schreibt er betrübt an Seelig.

Auch Friderike Zweig und ihre Töchter und Schwiegersöhne gehen an diesem 4. Oktober 1940 an Bord der „Nea Hellas". Sie haben sich nach Suses Blitzhochzeit in Montauban über Spanien an Portugals Küste durchgeschlagen. Obwohl sie ihr geschiedener Mann denkbar schlecht behandelt hat, wird Friederike, sie ist jetzt 58, auch in den USA Kontakt zu Stefan Zweig und seiner neuen Frau Lotte halten – bis zu beider Freitod in Brasilien im Februar 1942. Nach Europa kehrt Friderike Zweig nicht mehr zurück. Sie arbeitet als Übersetzerin, gründet in New York eine Gesellschaft zum Andenken an Stefan Zweig und stirbt 1971 hochbetagt in Connecticut.

Andere Passagiere der „Nea Hellas", wie etwa Hermann Budzislawski, hielt es nach dem Krieg nicht in den USA. Budzislawski, in der Weimarer Republik Mitglied der SPD, war Mitarbeiter der von Kurt Tucholsky und Carl von Ossietzky gegründeten „Weltbühne", einer Wochenzeitschrift, die als Forum der bürgerlichen Linken galt. Alles, was Rang und Namen hatte, schrieb für die „Weltbühne": Lion Feuchtwanger, Erich Kästner, Carl Zuckmayer. Alfred Polgar, nun ebenfalls an Bord der „Nea Hellas", war in seiner Berliner Zeit bei der „Weltbühne" Redaktionskollege von Hermann Budzislawski.

Budzislawski machte nach seiner Rückkehr nach Europa ab 1954 als Dekan der Journalismus-Akademie der Karl Marx Universität Leipzig Karriere in der neuen DDR. Als führender Medienwissenschaftler im Ostblock-Deutschland kritisierte er zwar die westliche Boulevardpresse, imitierte sie freilich in seinen von den Erfahrungen in den USA beeinflussten, aber eben den realsozialistischen Verhältnissen angepassten Theorien: Die DDR-Presse müsse personalisieren und emotionalisieren, schrieb er vor, etwa durch Berichte über „Helden der Arbeit“ und deren Leistungen.

Der 77-jährige Wilhelm Ellenbogen, der Patriarch der österreichischen Sozialdemokratie, besteigt nun ebenfalls das Fallreep der „Nea Hellas“. An Bord des Schiffes trifft Ellenbogen an diesem Oktobertag des Jahres 1940 gleich drei Genossen aus der Redaktion der „Arbeiter Zeitung“.

Da ist Schiller Marmorek, 60, bis zum Verbot der AZ im Jahr 1934 deren Kulturredakteur. In der jüdischen Ärztefamilie Marmorek, der er entstammt, wohnhaft in der Leopoldstädter Böcklinstraße, wurden die deutschen Klassiker so hingebungsvoll verehrt, dass man den vierten Sohn, der noch dazu am selben Tag wie der Namensgeber geboren wurde, den Vornamen Schiller verpasste, was erst nach heftigen Auseinandersetzungen mit der Behörde möglich war.

Schiller Marmorek war ein großer Bewunderer und Gefolgsmann des sozialdemokratischen Chefideologen Otto Bauer.

Seine Frau Hilde war Otto Bauers heimliche Geliebte.

Als Bruno Kreisky, der Bauer ebenfalls anbetete, dies Anfang der 1930er-Jahre herausfand, war er verstört. Der damals 20-jährige Kreisky hatte eines Tages sein Idol bis zur Stadtbahnstation Schottenring begleitet, als Bauer offensichtlich keinen Wert auf die weitere Anwesenheit seines begeisterten Jüngers legte: *„Da bemerkte ich diese hübsche Frau, die am anderen Bahnsteig auf ihn wartete“*, schreibt Kreisky in seinen Memoiren. Es war Hilde Marmorek.

Als Otto Bauer 1938 in einem kleinen Pariser Hotel nach einem Herzanfall stirbt, sind die Marmoreks ebenfalls in der Stadt, bei ihm ist in seiner letzten Stunde aber nur seine um zehn Jahre ältere Frau Helene.

Hilde und Schiller Marmorek sind nun schon seit sechs Jahren auf der Flucht. Von Wien nach Brünn, von Brünn nach Paris, von Paris nach Marseille, von dort über Spanien nach Lissabon. Und nun sind sie auf der „Nea Hellas“, Destination New York.

Karl Hans Sailer, der mit seiner Familie ebenfalls an Bord der „Nea Hellas“ geht, war wie Schiller Mamorek Redakteur der „Arbeiter Zeitung“, Ressort Politik. Nach dem Verbot der Partei im Februar 1934

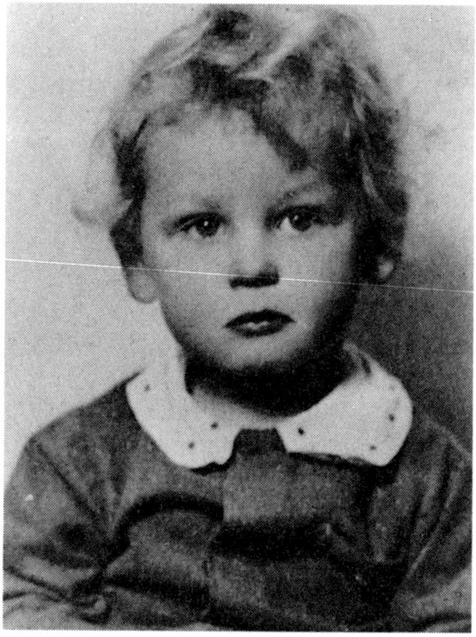

John Sailer, 1940
Seine Familie entkam den Nazis auf einem der letzte Schiffe, die Europa verließen.

und der Flucht der Parteispitze nach Brünn, gingen die Sozialdemokraten in den Untergrund und nannten sich „Revolutionäre Sozialisten." Sailer wurde Vorsitzender der clandestinen Partei, aber bereits im Jänner 1935 bei seiner Rückkehr von einer Geheimkonferenz in Brünn in Wien verhaftet.

1936 war er der Hauptangeklagte im sogenannten „Sozialistenprozess". Neben ihm saßen unter anderen Bruno Kreisky und der spätere Bundespräsident Franz Jonas auf der Anklagebank. Kurz vor dem „Anschluss" kam Sailer im März 1938 frei. Bevor ihn die Nazis ergreifen konnten, flohen er und seine Frau Erna über die Schweiz nach Paris. Ihr Baby, gerade ein halbes Jahr alt, wurde auf abenteuerlichen Wegen mit falschen Papieren nach Frankreich gebracht.

An viele Erlebnisse auf der Fahrt mit der „Nea Hellas" über den großen Ozean kann sich John Sailer nicht erinnern – er war ja erst

John Sailer heute
Als er mit seiner Familie nach acht Jahren zurückkehrte, musste er erst Deutsch lernen.

drei Jahre alt: Die Mutter lag seekrank in der Kabine, und er brachte ihr Zuckerl, das weiß er noch. Als seine Familie nach acht Jahren im Exil nach Wien zurückkehrt, muss John erst richtig Deutsch lernen. Sein bester Freund an der Schule in Hietzing heißt Heinz Fischer.

Und auch eine verzweifelte, weil auseinandergerissene Familie besteigt an diesem 4. Oktober 1940 die „Nea Hellas": die Leichters, Otto Leichter und seine Söhne Heinz (15) und Franz (10). Otto Leichter, Jahrgang 1897, war einer der Mitbegründer des Verbands Sozialistischer Studenten Österreichs (VSStÖ) gewesen und ab 1925 wie Mamorek und Sailer Redakteur der „Arbeiter Zeitung".

Seine Frau Käthe, zwei Jahre älter als Otto, war eine Größe der Sozialwissenschaft. Sie hatte bei Max Weber in Heidelberg promoviert. Als Frauenreferentin der Arbeiterkammer veröffentlichte sie vielbe-

Familie Leichter im Wienerwald, 1933
Otto Leichter und die beiden Söhne entkamen, Käthe Leichter wurde ermordet.

achtete Studien über private und berufliche Lebensumstände von Industriearbeiterinnen und baute eine Datenbank auf. Käthe Leichter bediente sich damals als eine der ersten Sozialforscherinnen moderner Methoden wie Interviews und Umfragen. Die Ergebnisse wurden in leicht fasslichen Bildstatistiken wiedergegeben.

Nach dem Verbot der Sozialdemokratischen Partei wurde das Haus der Leichters in Mauer (heute 23. Wiener Gemeindebezirk) zu einem geheimen Treffpunkt der illegalen Sozialdemokraten. Otto Leichter war einer der besonders gefährdeten Österreicher und musste sofort nach dem Einmarsch der Nazis nach Paris fliehen. Käthe Leichter versuchte unterzutauchen, um sich noch von ihrer kranken und daher nicht transportfähigen Mutter zu verabschieden und einige der Möbel zu verkaufen, um Geld für die Flucht aufzutreiben. Sie wurde aber vom Gestapospitzel Hans Pav, einem ehemaligen Sportredakteur der „Arbeiter Zeitung", verraten und nach eineinhalb Jahren Haft in Wien im Jänner 1940 ins Frauen-KZ-Ravensbrück deportiert. Die beiden Söhne wurden mithilfe einer befreundeten Familie und einer ehemaligen Haushälterin zum Vater nach Paris gebracht.

Im Konzentrationslager musste die Sozialwissenschaftlerin schwere Straßenarbeiten verrichten. „Niemand wurde so gequält wie sie", erzählte ihre Mitgefangene, die Sozialistin Rosa Jochmann, später. Im März 1942 wurde Käthe Leichter mit 1500 anderen jüdischen Gefangenen von Ravensbrück in die Euthanasieanstalt Bernburg gebracht und dort im Giftgas ermordet. Ihre Mutter hatte schon ein Jahr zuvor in Wien Selbstmord begangen.

Andere Familien werden erst in Lissabon auseinandergerissen. Die Bergers etwa kamen aus Belgien. In Bordeaux hatten sie Visa des widerständigen Generalkonsuls Sousa Mendes bekommen und waren nach Figuera da Foz geflohen, eine Hafenstadt nördlich von Lissabon. Vater Morda Chaim Berger (44) ergatterte zwei Schiffstickets für die „Nea Hellas". Aber sie waren zu dritt.

Die Bergers müssen sich entscheiden: Bleiben alle da und warten auf eine weitere Gelegenheit, aus Europa zu fliehen, oder retten sich wenigstens zwei Familienmitglieder. Die Entscheidung fällt rasch: Mutter Bertha (36) und Sohn Leo (14) nehmen die Fahrkarten.

Morda Chaim Berger bleibt zurück, als die „Nea Hellas" am Abend des 4. Oktober 1940 im Hafen von Lissabon ablegt. In den folgenden Wochen freundet er sich mit einem Matrosen eines Frachtschiffs an, das demnächst nach Baltimore im US-Bundesstaat Maryland auslaufen soll. Berger überredet seinen Freund, ihn als blinden Passagier im Frachtraum des Schiffs unterzubringen. Der Coup gelingt. In Baltimore klettert Morda Chaim aus dem Bauch des Frachters und nimmt einen Greyhound Bus nach New York, wo er seine Familie wiedertrifft. Morda Chaim Berger wird später Diamantenhändler in Manhattans 47. Straße, bis heute der Diamond-District von New York.

Schließlich hat es auch Konrad Heiden auf die „Nea Hellas" geschafft. Er war ganz oben auf Varian Frys Liste gestanden. Heiden hatte den Aufstieg des Nationalsozialismus in der „Frankfurter Zeitung" kritisch begleitet. Er war der große NSDAP-Spezialist unter den deutschen Journalisten. Im Jänner 1933 musste er sofort fliehen. 1937 verfasste Konrad Heiden in der Schweiz die erste fundierte Hitler-Biografie, auf der alle späteren aufbauen sollten. Darin verfolgte er die Spuren der Familie Hiedler, wie sie ursprünglich hieß, ins niederösterreichische Waldviertel zurück.

Adolf Hitler hatte seine Herkunft stets verschleiert. Er hatte sogar die Dörfer schleifen lassen, aus denen seine Vorfahren stammten. An ihrer Stelle ließ er einen heute vom österreichischen Bundesheer benützten Truppenübungsplatz errichten.

Spätestens seit dem Erscheinen von Konrad Heidens Buch galt der Münchener in Nazi-Deutschland als „Staatsfeind Nummer eins". In Frankreich wollte die Gestapo Heiden unbedingt schnappen. Er entkam mit der Hilfe von Varian Fry.

Die „Nea Hellas" verlässt Lissabon erst am Abend dieses 4. Oktober 1940. Nahe der Hauptstadt, in Belém, wird gerade eine große Ausstellung über das damals noch bestehende portugiesische Kolonialreich gezeigt. Alfred Döblin lehnt an der Reling und empfindet die ganze Tragik dieses Abschieds: *„In der Dunkelheit setzte sich das Schiff in Bewegung. Langsam wurde es gedreht und den Tejo hinausgeschleppt. Märchenhaft strahlte die Ausstellung herüber. Ihr zauberhaftes Licht war das Letzte, was wir von Europa sahen, in Trauer versenkt."*

Irgendwo neben ihm an der Reling steht der fast 70-jährige Heinrich Mann, dieser Richter über jenes deutsche Spießertum, das eben tatkräftig mithilft, diesen Kontinent zu vernichten. Später beschreibt er seine Gefühle beim Auslaufen der „Nea Hellas": *„Der Blick auf Lissabon zeigte mir den Hafen. Es wird der letzte gewesen sein, wenn Europa zurückbleibt. Er erschien mit unbegreiflich schön. Eine verlorene Geliebte ist nicht schöner. Alles, was mir gegeben war, hatte ich an Europa erlebt, Lust und Schmerz eines seiner Zeitalter, das meines war. Überaus leidvoll war dieser Abschied."*

Heinrich Mann wird in der Emigration sterben.

Alma Mahler-Werfel kann der nun folgenden Atlantik-Überquerung nicht viel abgewinnen: *„Das Meer war langweilig, wie immer, denn nur die Küsten sind interessant, und auch nur die von Menschen* *besiedelten. Sonst ist die Monotonie in der Natur groß. Wir können die absolute Größe nicht in uns aufnehmen [...] Wir gingen kaum auf Deck – lagen meist in unseren Kabinen, lasen und sprachen. Die Übungen mit den Rettungsgürteln und Jacken machten wir nicht mit. Wir schleppten uns müde in den verwahrlosten Speisesaal. Die verdorbenen Speisen waren ekelhaft.*"

Ihr Mann Franz Werfel denkt in den Tagen an Bord bereits intensiv über seinen Lourdes-Roman nach, den er gleich nach der Ankunft in den Vereinigten Staaten schreiben will. „*Zur Bernadette fest entschlossen*", trägt er in sein Notizbuch ein.

Golo Mann pendelt zwischen der Kabine seines Onkels Heinrich und dem Ehepaar Werfel hin und her. Heinrich Mann ist seekrank und liegt die meiste Zeit im Bett. Er sei böse auf die Welt und zeichne ständig „*Weiber mit großen Busen, manchmal auch nur letztere allein*", erzählt Golo Alma Mahler-Werfel, die dies sofort begeistert in ihrem Tagebuch vermerkt.

„*In den ersten Tagen, bis zu den Azoren, herrschte noch die Unruhe: wird die Reise glatt gehen? Man dachte an Unterseeboote*", schreibt Alfred Döblin später. Auch er trifft an Bord vor allem deprimierte Menschen. Obwohl sie gerade den Nazi-Häschern entkommen waren, empfanden sie ihre Flucht doch als Niederlage. „*Sie waren bedrückt und trübe, obwohl sie sich lebhaft unterhielten. Sie hatten, so gut sie konnten, für ihre sozialistische Überzeugung, für Demokratie, für ein Humanitätsideal gekämpft. Viele sprachen Jiddisch, allen hatte man die wirtschaftliche Existenz zerbrochen. Das war aber nur die eine Seite der Sache. Die andere war nicht weniger schlimm: die geistige. Man hatte eine Niederlage erlitten. Was wollte man jetzt machen? Fest stand nur: Man fuhr nach Amerika.*"

Auch Alfred Polgar ist zu erschöpft, um sich der Freiheit, die ihn und seine Frau Lisl erwartet, zu erfreuen. „*Das Erlebnis der Reise ritzt nicht die leiseste Spur in meine Seele. Ich denke an das grenzenlose Elend, das ich in den letzten Monaten gesehen habe, an die vielen, vielen, die sich nicht retten konnten, an die Freunde, die zugrunde gegangen sind*", schreibt er an seinen Verleger Carl Seelig. „*Ich verbringe meine Zeit hier mit Erinnerungen an gewesene glückliche Stunden, mit der Registrierung aller Zeichen, die eine Seekrankheit deuten und mit kümmerlichen Versuchen, Englisch zu lernen. Jetzt hatte ich's endlich so weit, halbwegs französisch stammeln zu können, da werde ich schon wieder in eine fremde Sprache verstoßen."*

Bei den Azoren wird die „Nea Hellas" von der britischen Marine gestoppt und durchsucht, darf aber noch in derselben Nacht weiterfahren.

Die „Nea Hellas" ist mitten am Atlantik, als die Nachricht eintrifft, Italien habe Griechenland den Krieg erklärt. Am selben Tag läuft das erste italienische U-Boot, die „Malaspina" aus Bordeaux zu einer Unternehmung in den Nordatlantik aus. Die italienischen U-Boote unterstehen operativ dem deutschen Befehlshaber der Unterseeboote, Vizeadmiral Karl Dönitz.

Nun ist klar, dass die unter griechische Flagge fahrende „Nea Hellas" ihren Heimathafen Piräus nicht mehr anlaufen kann. Dies wird ihre letzte Atlantikfahrt sein.

Als sich die Skyline von New York am Horizont abzeichnet, schreibt Franz Werfel einen Brief an seine Eltern Rudolf und Albine Werfel, die im französischen Bergerac zurückbleiben mussten. Vater Rudolf Werfel ist 83 und hat auf der Flucht einen Schlaganfall erlitten. *„Jetzt knapp vor der Freiheitsstatue umarme und küsse ich Euch heiß"*, schreibt Werfel, *„nun liegt Amerika vor uns, ein sehr unbekannter Kontinent. Ich hoffe, er wird mir günstig gesinnt sein. Habt ihr ausreichend zu essen? Kannst du Papa so ernähren, wie er's nötig hat?"* Rudolf Werfel stirbt im Juli 1941 in Marseille. Albine Werfel, sie ist 70, schafft unmittelbar danach noch mithilfe von Varian Fry die Flucht in die Vereinigten Staaten. Sie wird ihren berühmten Sohn um fast 20 Jahre überleben.

Die „Nea Hellas" läuft am Vormittag des 13. Oktober 1940 in den Hafen von Hoboken am Manhattan gegenüberliegenden Ufer des Hudson River ein, etwa auf der Höhe von Greenwich Village. Die prominenten Passagiere werden dort bereits von Familienangehörigen und Reportern aller New Yorker Zeitungen erwartet. Für die „New York Times" war die Ankunft der europäischen Kulturprominenz der Blattaufmacher: *„Authors who fled from Nazis arrive"*. Im Text heißt es: *„Franz Werfel und Heinrich Mann waren unter den fünfzehn anti-nationalsozialistischen Autoren und Journalisten, nach denen die Gestapo fahndete, die hier gestern mit dem griechischen Dampfer ‚Nea Hellas' ankamen. Das Schiff, das 678 Passagiere an Bord hatte, von denen sechzig Staatsbürger der USA waren, dockte um 9 Uhr vormittags in Hoboken an. Die geflüchteten Autoren wurden von Dr. Frank Kingdon, dem Vorsitzenden des Emergency Rescue Committees, empfangen, welches vielen Intellektuellen auf ihrer Flucht aus Europa geholfen hat. Herr Werfel wurde von seiner Gattin Alma begleitet."*

Werfel, in den USA seit dem Erscheinen der „Vierzig Tage des Musa Dagh" ein Star, will in den Interviews keine Details über die Wochen und Monate der Flucht durch Frankreich, Spanien und Portugal nennen, um dort noch auf eine Überfahrt wartende Flüchtlinge nicht zu gefährden. Lion Feuchtwanger war eine Woche zuvor in New York gelandet und hatte der wartenden Presse allzu offenherzig Auskunft gegeben.

Auf die Frage, was er denn nun vorhabe, antwortet Werfel bloß: *„To have a little peace."* Alma schreibt später über den Moment der Landung in New York: *„Endlich, endlich standen wir wieder auf wahrhaft freiem Boden und das Vorausgegangene versank in der Nacht des Vergänglichen. Hätte ich mich nicht vor den anderen geniert – ich hätte den Boden Amerikas geküßt."*

Die Manns werden von Thomas Mann und seinem Sohn Klaus am Pier erwartet. Am selben Abend trägt Klaus Mann in sein Tagebuch ein: *„Ankunft der ‚Nea Hellas' mit Heinrich und Golo, samt Nelly Kröger. Diese sinnlos in Tränen aufgelöst, dann aber ganz brav und munter. Das Schiff voll gestrandeter, durch Europa gejagter Berühmtheiten: Werfel mit der ramponierten Alma. Sie wirkte reduziert. Gestürzte Königin, jeder Zoll."* Das Aussehen seines Onkels Heinrich entsetzt ihn: *„Ach wie alt er ist, wie erloschen! Es ist schon so, wie der alte André Gide sagt: Alte Leute sind zu nicht viel nutze."*

Die Manns fahren nach der überschwänglichen Begrüßung der Geretteten ins nahe Princeton, wo die Universität ihrem neuen Lektor Thomas Mann ein Haus zur Verfügung gestellt hat. Zum „Lunch en famille" kommen auch der Maler Joan Miró und der deutsche

Arzt Martin Gumpert, der schon 1936 eine dermatologische Praxis in Manhattan eröffnet hat.

Am Abend gibt es ein großes Festessen für Heinrich, Nelly und Golo Mann im „Hotel Commodore“, wo die Rettungsaktion drei Monate zuvor ihren Ausgang genommen hatte. Auch die Werfels und Fritz von Unruh sind geladen. Die Festrede hält der englische Schriftsteller William Somerset Maugham (1874–1965), der seine Villa in Südfrankreich verlassen hat und fünf Tage zuvor in die USA übersiedelt ist. Nach ihm spricht die einflussreiche Journalistin Dorothy Thompson, eine Freundin Eleanor Roosevelts. Sie war als Auslandskorrespondentin in Berlin stationiert gewesen und durfte sogar Adolf Hitler interviewen. Der sei formlos und knorpelig, der Prototyp des kleinen Mannes, schrieb sie. Danach wies man sie aus Deutschland aus.

Nach Dorothy Thompson ist Thomas Mann am Wort. Er vergleicht die Rettung seiner Familienmitglieder mit den dramatischen Tagen von Dünkirchen, wo im Juni 1940 mehr als 300 000 britische und französische Soldaten in einer legendären Aktion über den Ärmelkanal evakuiert werden konnten. *„Diese Rettung der europäischen Denker und Dichter, die mit unserer Hilfe nur teilweise abgeschlossen und teilweise noch in Gang ist, diese Landung des fast gesamten europäischen Intellekts an den Küsten Amerikas ist ein bemerkenswertes und historisches Ereignis.“*

Auch Franz Werfel und Heinrich Mann ergreifen beim Dinner im „Hotel Commodore“ das Wort, aber Heinrich Manns Neffe Klaus ist von ihren Redebeiträgen wenig beeindruckt, wie er noch am selben Abend in seinem Tagebuch festhält: *„Werfel: katholisch-rabinerhaft-rhapsodisch. Heinrich: ergreifend-ungelenk-französierend.“*

Am Tag der Landung der „Nea Hellas“ in New York, dem 13. Oktober 1940, wird in Warschau mit dem Bau der Mauer um das Ghetto begonnen, in das man die Juden gepfercht hat. Ebenfalls am selben Tag erklärt NSDAP-Gauleiter und Reichsstatthalter Albert Forster, sein Gau Danzig-Westpreußen könne *„mit Stolz von sich behaupten, daß er von den vier Ostgauen der einzige ist, der keine Juden mehr hat.“* Zwei Tage nach der Ankunft des Schiffs hat in New York Charlie Chaplins Film „The Great Dictator“ Premiere.

Marseille, Winter 1940/Frühling 1941

DIE LETZTE CHANCE

In diesem Herbst 1940 warten immer noch tausende Flüchtlinge in Marseille oder in der Umgebung der Hafenstadt auf eine Möglichkeit, Frankreich zu verlassen.

Der Wiener Karl Farkas, der unentwegt Kabarett spielt, um Geld für die Überfahrt zu verdienen, kann erst im Jänner 1941 mit der „SS Magallanes" Europa verlassen. Über Kuba geht es nach New York, wo er sofort wieder interniert wird: Er hat ja kein Affidavit. Man droht ihm sogar an, ihn mit dem nächsten Schiff zurück nach Europa zu schicken.

Bereits in die USA geflohene Freunde und der Autor Alexander Roda Roda – er war auf demselben Schiff wie Farkas von Lissabon nach New York gekommen – erlegen die beträchtliche Summe von 5000 Dollar Kaution (etwa 85 000 Euro nach Kaufkraft 2017) und bekommen ihn frei. Und Farkas macht sofort wieder, was er an seinen früheren Fluchtorten Paris und Lissabon gemacht hat: Er spielt in kleinen New Yorker Cafés Kabarett und hält sich damit über Wasser.

Viele auf Varian Frys „Liste der 200", die der tollkühne Journalist im Auftrag des „Emergency Rescue Comittees" außer Landes bringen soll, sitzen in diesem Winter 1941 noch immer ohne gültige Papiere in Marseille fest: Für etliche der prominenten Künstler und Wissenschaftler wäre es zu riskant, bei den Behörden der Vichy-Regierung eine Ausreisegenehmigung zu beantragen – die Gestapo schaut den Franzosen über die Schulter.

Und Fry geht langsam das Geld aus. 70 000 Euro nach heutiger Kaufkraft haben ihm seine Auftraggeber mitgegeben, die sind verbraucht. Aus New York wären schon weitere Mittel zu bekommen. Aber wie sollte er eine solche Überweisung anstellen, ohne dass die Polizei und damit die Deutschen Verdacht schöpfen?

Fry entschließt sich zur Zusammenarbeit mit der Unterwelt von Marseille. Er freundet sich mit einem gewissen Jacques an, nach außen hin Besitzer eines gutgehenden Restaurants namens „Sept Petits Pêcheurs". Tatsächlich ist Jacques Kopf einer korsischen Bande, die ihr Geld mit Schwarzmarkt, Prostitution und Kokainhandel macht.

Der Korse Jacques und Varian Fry haben dasselbe Problem, aber mit umgekehrten Vorzeichen: Jacques will Geld aus Frankreich hinaus-, Varian Fry will Geld hereinbringen. Also schließt man ein Dreiecksgeschäft ab: Wann immer Fry Geld braucht, bekommt er es von Jacques, dafür wird in New York dieselbe Summe auf einem bestimmten Bankkonto deponiert.

Nachrichten für Übersee, die er wegen ihrer Brisanz nicht via Kabel nach New York schicken kann, schreibt Fry auf dünnes Flugpostpapier, zerschneidet dieses Zeile für Zeile und klebt sie der Länge nach aneinander. Die Papierschlange wird in ein Kondom geschnürt, das dann in eine halbvolle Zahnpastatube gesteckt wird. Vertrauenswürdige Flüchtlinge nehmen die Tuben in die USA mit. Keine einzige Nachricht geht verloren.

Die kleine Truppe um Varian Fry hat inzwischen ein verlassenes und halb verfallenes Herrenhaus im Osten der Stadt ausfindig gemacht, die „Villa Air-Bel". Da das Haus 18 Zimmer hat, kann Fry nun auch Gefährdete einquartieren, in diesem Fall eine Gruppe von jüdischen Surrealisten um ihren Vordenker André Breton. *„An seinem ersten Tag in der Villa fing Breton einen Skorpion in der Badewanne und stellte eine Flasche mit lebenden Gottesanbeterinnen auf den Esszimmertisch – statt Blumen"*, schrieb Fry in seinen Erinnerungen an diese Zeit in Südfrankreich.

Auch der russische Autor Victor Serge (1890–1947) zieht in die verfallende Villa ein. Er hat gleich zwei Verfolger: Stalin, der den ehemaligen Vertrauten Lenins umbringen will, weil er ein Trotzkist ist; und Hitler, der jüdische Trotzkisten schon gar nicht mag. In seinem Rückblick auf diesen „Été de la Saint-Martin", den französischen Altweibersommer des Jahres 1940, schrieb Varian Fry später: *„Victor Serge war ein magenkranker, aber scharfsinniger alter Bolschewik. Früher hatte er der Komintern angehört, war jedoch etwa zu der Zeit ausge-*

Finanzminister Rudolf Hilferding, 1923
Die Nazis folterten den Sozialdemokraten in einem Pariser Gefängnis.

schlossen worden, als Stalin mit Trotzki brach. Wenn er bei uns war, sprach er stundenlang über seine Erfahrungen in russischen Gefängnissen, berichtete von seinen Gesprächen mit Trotzki oder diskutierte über die Verzweigungen und Wechselbeziehungen der europäischen Geheimdienste. Ihm zuzuhören war, als lese man einen russischen Roman."

Der Surrealisten-Papst André Breton legt in der „Villa Air-Bel", diesem Wartesaal vor dem Sprung ins Ungewisse, verschiedene Sammlungen an: Insekten, vom Seewasser polierte Porzellanscherben und alte Magazine. Fry: *„Sonntag nachmittags veranstaltete er Surrealisten-Treffen, zu denen die gesamte Deux-Magots-Meute erschien, verrückt wie eh und je."*

Lebenslust und Tragödie lagen im Marseille des Spätherbstes 1940 eng beieinander. Ein Drama um zwei berühmte Politiker, das sich bald entfalten sollte, zeigt, welche entsetzlichen Folgen es haben konnte, wurde die Gefährlichkeit der Lage unterschätzt.

Auf Varian Frys „Liste der 200" stehen auch die Namen von zwei prominenten Sozialdemokraten der Weimarer Republik, Rudolf Breitscheid und Rudolf Hilferding, die der amerikanische Gewerkschaftsbund AFL unbedingt in Sicherheit bringen will. Breitscheid, jetzt 66, war Fraktionsvorsitzender der Sozialdemokraten im Reichstag gewesen und einer der Ersten, die von den Nazis nach der Machtübernahme ausgebürgert wurden. Er war schon vor Hitlers Machtübernahme immer wieder Zielscheibe von Angriffen rechtsextremer Banden gewesen.

Rudolf Hilferding, Jahrgang 1877, ein gebürtiger Wiener, war nach dem Ersten Weltkrieg nach Berlin gezogen und hatte sich dort dem linken Flügel der SPD angeschlossen. In mehreren Kabinetten der Weimarer Zeit bekleidete der marxistisch inspirierte Wirtschaftstheoretiker das Amt des Finanzministers.

Verzweifelt bemüht sich Varian Fry, Breitscheid und Hilferding davon zu überzeugen, dass sie die von ihm angebotenen Möglichkeiten zur Flucht nützen sollten.

Vergeblich: Die beiden ehemaligen Politiker waren von einer gewissen Legalität des Pétain-Regimes überzeugt und wogen sich deshalb einigermaßen in Sicherheit – grotesk, dass gerade Männer, die mit Vertragstexten vertraut sein mussten, die auf sie geradezu zugeschnittenen Auslieferungsbestimmungen des Waffenstillstands-Abkommens nicht erkannten.

Der Schriftsteller Hans Sahl (1902–1993), er ist ebenfalls seit 1933 auf der Flucht vor den Nazis, trifft Rudolf Breitscheid in diesem Spätherbst 1940 in einem Café auf der Canebière, wo sich – so Sahl später – eine bezeichnender Dialog entspinnt: *„Er sagte: ‚Ich denke gar nicht, daran zu fliehen. Ich poche auf mein Asylrecht, das man mir* *als politischem Flüchtling gewährt hat. Ich mache eure Hysterie nicht mit. Ich habe ein Gesuch an Laval gerichtet und ihm erklärt, daß ich als politischer Flüchtling Frankreich legal verlassen möchte'. Ich entgegnete ihm: ‚Sie haben mit Ihrem Legalitätsglauben bereits eine Republik verloren, jetzt werden Sie auch noch Ihr Leben verlieren.'"*

Pierre Laval (1883–1945), an den Rudolf Breitscheid sein Gesuch richtete, war die ganz falsche Adresse. 1945 als Kriegsverbrecher hingerichtet, war Laval nicht nur der den Nazis völlig hörige Ministerpräsident in Pétains Vichy-Frankreich, sondern auch der wichtigste Verbindungsmann zur Gestapo.

Noch einmal – es ist inzwischen Februar 1941 – versucht Fry, Breitscheid und Hilferding aus der immer gefährlicheren Stadt wegzubringen, was sogar fast gelungen wäre, denn inzwischen liefen für einige Monate wieder Schiffe aus Marseille aus, natürlich streng kontrolliert. Und Fry hatte den beiden deutschen Ex-Politikern Papiere verschafft, darunter sogar französische Ausreisevisa.

Am 4. Februar 1941 soll die „SS Wyoming", auf der Breitscheid und Hilferding gebucht sind, mit Ziel Martinique auslaufen. Allerdings gibt es keine Kabinen für sie, sondern nur Plätze in einem Schlafsaal im Laderaum. Hilferding und seine Frau sagen zu. Die Breitscheids wollen nicht mitkommen: Die kränkelnde Frau Breitscheids fürchtet, die strapaziöse Reise nicht zu überstehen.

Keiner der beiden Politiker kommt davon. Noch bevor die „SS Wyoming" ablegen kann, werden ihre Ausreisevisa widerrufen, Breitscheid und Hilferding werden festgenommen und kurz darauf in Vichy der Gestapo übergeben. Hilferding wird ins Pariser Santé-Gefängnis gebracht und dort gefoltert. Man findet ihn zwei Tage später tot in seiner Zelle. Er hatte sich erhängt.

Das Ehepaar Breitscheid wird ins Konzentrationslager Sachsenhausen deportiert und von dort gegen Kriegsende ins KZ Buchenwald, das sie nicht überleben.

Ihre Koje auf der „SS Wyoming" bekommt übrigens Walter Mehring, der schon nicht mehr an seine Rettung geglaubt hatte.

Das Auslaufen der „SS Wyoming" wird nur möglich, weil das Regime für einige Wochen die Ausreisebestimmungen lockert. Fry nutzt die Gelegenheit, um die Liste der bildenden Künstler abzuarbeiten, die das New Yorker „Museum of Modern Art" erstellt hat. Er schafft sofort Max Ernst nach Lissabon und mit ihm seine neue Geliebte, die Amerikanerin Peggy Guggenheim (1898–1979). Die Millionärin hatte zuerst in Paris gelebt und dann in London eine Galerie eröffnet, in der sie ihre prächtige Sammlung ausstellte – Arbeiten von Marcel Duchamp, Pablo Picasso, Wassily Kandinsky, Joan Miró, Marc Chagall, Salvador Dalí.

Mit einigen der Künstler hatte Peggy Guggenheim kurze Affären. Als die Londoner Galerie trotz der imposanten Ausstellungsstücke keinen nennenswerten Gewinn abwarf, kehrte die ursprünglich wenig kunstsinnige Erbin *(„Ich konnte nicht ein modernes Werk vom anderen unterscheiden")* nach Paris zurück.

Peggy Guggenheim, selbst jüdischer Abstammung, muss die Stadt verlassen, als die Nazis kommen. Sie lernt in Südfrankreich Max Ernst kennen – von seiner Geliebten Leonora Carrington ist der Maler inzwischen getrennt –, und nun werden beide von Varian Fry dank der gelockerten Bestimmungen ganz legal nach Lissabon gebracht, wo sie per Flugzeug in die USA reisen. Auch ihre Gemäldesammlung kann sie noch rechtzeitig einschiffen. Max Ernst und Peggy Guggenheim heiraten zu Weihnachten 1941 in New York, die Ehe hält vier Jahre.

Fry kann auch Marc Chagall, einen besonders schwierigen Fall, aus Frankreich wegbringen.

Der nun 53-jährige Expressionist, richtiger Name Moishe Segal, wurde noch im zaristischen Russland geboren, nach Paris kam er mit 23 – und er will nicht weg von diesem Kontinent. Dabei hat er den Antisemitismus in Europa selbst erlebt. Bei einem Besuch in Polen im Jahr 1935 wurde ein neben ihm gehender Freund als „Drecksjude" beschimpft. Chagall war entsetzt. In Deutschland zeigten die Nazis 1937 seine Bilder bei der Ausstellung „Entartete Kunst" gemeinsam mit jenen Kandinskys, Dalís und Picassos.

Selbst als die Wehrmacht in den Norden Frankreichs einfällt – Chagall ist mit seiner Familie vorsichtshalber in den Süden übersiedelt –, kann er sich nicht zum Gehen entschließen: Er hält die Vereinigen Staaten einfach für kulturlos, dort will er nicht leben. So sagt er es auch Varian Fry, auf dessen Liste ihn das New Yorker „Museum of Modern Art" reklamiert hat. Ein Künstler wie Marc Chagall dürfe auf keinen Fall in die Hände der Nazis fallen, hatte dessen Direktor Alfred J. Barr Fry auf seine Mission mitgegeben.

Den ersten Brief, den ihm Fry in seinen neuen Wohnort Gordes, nördlich von Marseille, schreibt, weist Chagall einfach zurück. Also fährt Fry gemeinsam mit dem amerikanischen Konsul Harry Bingham nach Gordes, um selbst mit Chagall zu sprechen. Er zeigt Chagall auch das Geld, das amerikanische Spender, darunter der Schauspieler Edward G. Robinson, zu Verfügung gestellt haben, um ihn, Chagall, zu retten.

Der Maler wird nachdenklich, als Marschall Pétain am 3. Oktober 1940 sein antisemitisches Dekret erlässt, das alle Juden zur Registrierung zwingt und sie von praktisch allen akademischen Berufen aussperrt. Jüdisches Eigentum kann „arisiert" werden, eingebürgerten Juden wird die Staatsbürgerschaft aberkannt. Auch Chagall ist nun kein Franzose mehr. Eilig zieht er mit seiner Familie nach Marseille und bemüht sich um ein Ausreisevisum. Ganz mag er aber immer noch nicht daran glauben, dass sein geliebtes Frankreich verloren ist – Chagall sucht gleichzeitig um ein Visum zur Wiedereinreise an.

So verliert er viel Zeit. Mitte April 1941 wird er bei einer Razzia im „Hotel Moderne" festgenommen. Die Polizei hatte den Auftrag, alle Individuen auf die Präfektur zu bringen, „die irgendwie jüdisch aussehen". Zum Glück wird Chagalls Frau Bella nicht festgenommen. Sie ruft sofort Fry an, der Konsul Bingham verständigt. Und Bingham protestiert im Namen der Vereinigten Staaten. Die Beamten auf der Präfektur lassen sich auch von Fry beeindrucken, der den französischen Polizisten klarmacht, dass es ein internationaler Skandal wäre, würde dieser weltberühmte Maler eingesperrt bleiben. Zur Bekräftigung ihrer Argumentation haben Bingham und Fry die Urkunde des renommierten Carnegie-Preises mitgebracht, den Chagall im Jahr zuvor, 1939, verliehen bekam.

Chagall kommt frei, viele der anderen Festgenommenen werden ins Lager Drancy und später nach Auschwitz deportiert. Am 7. Mai 1941 verlassen Marc Chagall und seine Familie Frankreich Richtung

Spanien und fahren von dort nach Lissabon, wo sie sich nach New York einschiffen. Chagalls Arbeiten können mithilfe von Freunden in Sicherheit und danach ebenfalls in die USA gebracht werden.

Die Möglichkeit, nun von Marseille aus die französischen Überseebesitzungen, wie etwa Martinique anzulaufen, ist für Frys Zwecke ideal: Martinique ist Frankreich, man braucht kein Exit-Visum. Martinique ist nicht so weit von den USA oder von Mexiko entfernt wie Europa. Und für Mexiko lassen sich Visa auftreiben. Wie der seinem Präsidenten Salazar nicht gehorchende portugiesische Generalkonsul in Bordeaux Sousa Mendes stellt auch der mexikanische Generalkonsul Gilberto Bosques Visa an Flüchtlinge aus – und das nicht einmal hinter dem Rücken seiner Regierung, sondern mit deren Zustimmung. Mexiko war 1938 das einzige Land gewesen, das vor dem Völkerbund gegen den Anschluss Österreichs an das Deutsche Reich protestiert hatte, und machte auf internationaler Ebene immer wieder Druck gegen das Nazi-Reich. Ab 1941 wurde Mexiko selbst in den Krieg verwickelt: Nach der Kriegserklärung Deutschlands an die USA machten ganze Rudel von Hitlers U-Booten die Karibik unsicher und versenkten Öltanker mit Kurs auf die Vereinigten Staaten, darunter mehrere unter mexikanischer Flagge fahrende Schiffe.

In Marseille versorgt nun Gilberto Bosques (1892–1995) großzügig Juden, Antifaschisten und aus Spanien geflohene Interbrigadisten mit Visa für Mexiko, darunter den „rasenden Reporter“ Egon Erwin Kisch und die Schriftstellerin Anna Seghers.

1942 nehmen die Nazis Gilberto Bosque fest, er kommt erst 1944 im Zuge eines Gefangenenaustausches frei und gilt fortan in seiner Heimat als Held. Bei der Wiener UNO-City wurde eine Promenade nach ihm benannt, der Mexikoplatz bei der Wiener Reichsbrücke erinnert an die positive Rolle des mittelamerikanischen Landes während des Zweiten Weltkriegs.

So wie ein halbes Jahr zuvor auf der „Nea Hellas“ treibt Varian Fry nun auf dem Frachter „Capitaine Paul Lemerle“ Plätze für eine Reihe seiner Schützlinge auf. Am 25. März 1941 gehen André Breton und seine Familie an Bord, auch Anna Seghers, ihr Mann und ihre beiden Kinder können nun ausreisen. Victor Serge, auf den es sowohl

Stalin als auch Hitler abgesehen haben, ist dabei und auch der junge Ethnologe Claude Lévy-Strauss (1908–2009) besteigt im Hafen von Marseille den mit 350 Passagieren heillos überfüllten Frachter. In seinem berühmten Buch „Traurige Tropen" beschreibt Lévy-Strauss diese Szene: *„Erst am Tag der Abreise begann ich zu begreifen, nämlich, als ich durch die Spaliere der mit Helmen und Maschinenpistolen ausgerüsteten Wachposten ging, die den Kai absperrten und die Passagiere von jedem Kontakt mit ihren Angehörigen und Freunden abschnitten, die sie begleiteten, wie sie den Abschied durch Rippenstöße und wüste Beschimpfungen abkürzten: Das war ein Auszug von Strafgefangenen."*

Lévy-Strauss ergattert einen Platz in einer der Kabinen, die anderen reisen äußerst spartanisch: *„Alle meine Reisegefährten, Männer, Frauen und Kinder wurden in luft- und lichtlosen Frachträumen verstaut, in denen Schiffsschreiner notdürftig Betten übereinander gebaut und mit Strohsäcken bestückt hatten"*, schreibt Lévy-Strauss in seinem Buch „Traurige Tropen."

Über Casablanca geht die Reise nach Fort de France, die Hauptstadt von Martinique, wo die „Capitaine Paul Lemerle" einen Monat später anlegt. Anna Seghers und ihre Familie werden nun vier Wochen lang hier interniert, weil sie zwar Mexiko-Visa, aber kein Geld für die Weiterreise haben. Als telegrafisch Geld von Freunden aus den USA eintrifft, können die Radványis, wie sie eigentlich hießen – Seghers war ja ein Künstlername –, in die Dominikanische Republik weiterreisen. Nach zwei Wochen Aufenthalt geht es per Schiff nach New York. Die Hoffnung, in den USA bleiben zu dürfen, zerschlägt sich drei Monate nach der Abreise aus Marseille auf der Einwandererinsel Ellis Island im Schatten der Freiheitsstatue. Die Einwanderungsbehörde wirft der Familie vor, sie habe die Nervenkrankheit ihrer schwer kurzsichtigen Tochter verschwiegen und sei daher für alle Zeit von der Immigration in die USA ausgeschlossen. Schwerer dürfte wiegen, dass Anna Seghers und ihr Mann auf einer geheimen Liste der Behörde als Kommunisten geführt werden.

Ihre Flucht endet in Mexiko, wo sich Laszlo und Anna Radványi-Seghers einem Kreis Gleichgesinnter um Egon Erwin Kisch und seine Frau Gisl anschließen. Der chilenische Dichter Pablo Neruda,

Flüchtlinge auf der „Paul Lemerle", März 1941
Die Irrfahrt über den Ozean dauerte einige Monate lang.

er ist Generalkonsul seines Landes in Mexiko, stößt ebenfalls zur Gruppe der linken Emigranten. Man gibt bald eine Exilzeitung heraus: „Freies Deutschland". Später wird Anna Seghers die Jahre in Mexiko als „die schönsten und wichtigsten meines Lebens" bezeichnen.

Lissabon ist in diesem März 1941, in dem die „Capitaine Paul Lemerle" Marseille verlässt, bereits ein Schreckensort für Flüchtlinge. Die portugiesische Regierung hat alle Emigranten aufgefordert, innerhalb von 30 Tagen das Land zu verlassen, andernfalls droht die Verhaftung. Nun werden Schiffspassagen abermals teurer, die wenigen Schiffe, die Lissabon noch verlassen, sind Monate vorher ausgebucht. Der Schwarzhandel blüht. Außerdem spricht sich herum, dass die beiden prominenten Ex-Politiker Rudolf Breitscheid und Rudolf Hilferding verhaftet wurden und dass man Hilferding tot in seiner Zelle gefunden hat.

Hannah Arendt und ihr Mann Heinrich Blücher sitzen zu dieser Zeit in Lissabon fest. Fry hat ihnen vom „Emergency Rescue Committee" bezahlte Tickets verschafft. Allein: Es fährt kein Schiff.

„Die ganze Emigration erinnert mich an das gute alte Spiel, ‚Mensch ärgere dich nicht'", schreibt Hannah Arendt in diesen Tagen an einen Freund in London: *„Man würfelt und je nach dem Resultat muß man unerwartet viele Punkte vor- oder zurückrücken. Oder man muß von ganz vorne anfangen."*

Dann endlich können sie an Bord gehen. Ihr Schiff, der portugiesische Frachter „SS Guiné", verlässt am 10. Mai 1941 Lissabon und läuft zwölf Tage später im Hafen von New York ein. An Bord hatte Hannah Arendt Zeit, ein Manuskript zu lesen, das ihr Walter Benjamin vor seinem Marsch über die Berge, den er nicht überleben sollte, anvertraut hat. Es sind „Thesen zu einer Philosophie der Geschichte". Und sie denkt über ein Buch nach, das sie selbst schreiben will.

Es wird 1943 unter dem Titel „We Refugees" erscheinen. Darin heißt es: *„Ein Flüchtling war früher jemand, der Zuflucht suchte, weil er eine Tat begangen hat oder eine bestimmte politische Meinung vertrat. Mit uns hat der Begriff ‚Flüchtling' seine Bedeutung verändert: Wir haben keine Tat begangen und wir vertreten auch keine radikalen Ansichten. Ein Flüchtling ist nun jemand, der unglücklich genug ist, völlig ohne Mittel in einem fremden Land zu stranden und auf die Hilfe anderer angewiesen zu sein."*

Die Gestapo greift inzwischen auch im für Flüchtlinge immer gefährlicheren Lissabon zu, wie das tragische Schicksal des Journalisten Berthold Jacob zeigt. Jacob ist einer jener Zeitungsleute, auf die es die Nazis besonders abgesehen haben. Schon in der Weimarer Zeit hatte er sich als pazifistischer Autor einen Namen gemacht. Nach Hitlers Machtübernahme in die Schweiz geflohen, veröffentlichte Jacob dort Aufdecker-Storys über die geheime Aufrüstung des NS-Staats und dessen Verstöße gegen den Friedensvertrag von Versailles.

So unangenehm waren Jacobs Enthüllungen dem NS-Regime, dass ihn Hitler 1935 von Agenten in Basel entführen und über den Rhein nach Deutschland bringen ließ. Erst die Drohung der Schweiz, daraus einen internationalen Skandal zu machen, veranlasste die NS-Führung, Jacob freizulassen. Ein Jahr vor den Olympischen Spielen in Berlin, bei denen er sich als großer Staatsmann präsentieren wollte, konnte Hitler keinen Menschenraubskandal riskieren. Berthold Jacob ging nach seiner Entlassung aus der Berliner Gestapo-Haft nach Paris und floh von dort nach dem Einfall der Wehrmacht in Nordfrankreich nach Marseille.

Varian Fry, den Jacob nun in Marseille kontaktiert, bringt den gefährdeten Schreiber und seine Frau über Spanien nach Portugal. Am Tag bevor das Schiff Lissabon verlässt, auf dem Fry die Jacobs eingebucht hatte, verschwindet Berthold Jacob plötzlich bei einem Spaziergang, während seine Frau im Hotel auf ihn wartet. Später stellt sich heraus, dass ihn drei Geheimagenten Salazars im Auftrag der Gestapo festgenommen haben – die zweite Entführung Jacobs. Er wird nach Madrid gebracht, von dort schaffen ihn deutsche Agenten ins Gestapo-Gefängnis am Berliner Alexanderplatz. Berthold Jacob stirbt im Februar 1944 in seiner Zelle an Tuberkulose und Fleckfieber.

Fry versteht die Nazis nicht: Warum haben sie mehr Interesse an einem wenig prominenten Journalisten gezeigt als an Peggy Guggenheim oder Marc Chagall?

Aber auch für den Fluchthelfer wird es nun eng – der US-Regierung sind seine Aktionen zu heiß geworden. Frys Pass läuft ab, und Generalkonsul Bingham, mit dem er so gut zusammengearbeitet hat, wird abgezogen. Seine Reisedokumente werden daraufhin vom Konsulat einbehalten. Fry wird mitgeteilt, er bekomme den Pass nur bei der sofortigen Rückreise in die USA wieder. Varian Frys Frau wendet sich daraufhin brieflich an Präsidentengattin Eleanor Roosevelt, die Fry bisher immer unterstützt hat. Aber sie ist im Weißen Haus inzwischen kaltgestellt, der Präsident hat schon lange ein Verhältnis mit seiner Sekretärin. In ihrem Antwortbrief teilt die First Lady Eileen Fry verbittert mit: *„Es tut mir leid, Ihnen mitteilen zu müssen, daß ich nichts für Ihren Mann tun kann. Ich bin der Meinung, daß er nach Amerika zurückkehren muß, denn er hat Dinge getan, die die [amerikanische] Regierung nicht glaubt billigen zu können."*

Vor allem Außenminister Cordell Hull hatte darauf gedrängt, die diplomatisch möglicherweise unangenehm ausartende Mission rasch zu beenden – Deutschland und die USA befinden sich in diesem Herbst 1941 ja noch nicht im Kriegszustand.

Fry und seine Mitarbeiter wissen, dass ihre Mission zu Ende geht, und sie ziehen Bilanz: „*Über 15 000 Menschen haben sich persönlich oder schriftlich an uns gewandt. In 1800 dieser Fälle haben wir entschieden, dass sie zu unserem Aufgabenbereich gehörten. Das bedeutete, daß es sich bei ihnen um politische Flüchtlinge oder Intellektuelle mit berechtigten Aussichten auf eine baldige Emigration handelte. In 560 von diesen Fällen haben wir einen wöchentlichen Unterstützungsbeitrag gezahlt, und wir haben mehr als 1000 Flüchtlinge aus Frankreich herausgebracht*".

Am 29. August 1941 wird Varian Fry von der Polizei des Vichy-Staats festgenommen und nach einer Nacht im Gefängnis von Marseille nach Cerbère gebracht, an jenen Ort an der französisch-spanischen Grenze, von dem aus er viele der ihm Anvertrauten über die Pyrenäen gelotst hat. Groteskerweise kann er selbst jetzt nicht ins spanische Port-Bou, weil sein Pass ungültig ist und das neue Reisedokument erst fünf Tage später eintrifft. Als er schließlich in Spanien ankommt, schreibt er einen Brief an seine Frau: „*Ich habe gar nicht gewußt, daß ich so mutig bin*", heißt es darin. Wenige Tage später ist Varian Fry wieder in New York.

Jetzt wird es immer schwieriger, Europa zu verlassen, wie das Beispiel der Wiener Familie Lachs zeigt. Ernst Lachs war bis 1934 Mitarbeiter des sozialdemokratischen Wiener Bürgermeisters Karl Seitz gewesen. Seine Frau Minna war Lehrerin an einem Wiener Gymnasium, die Austrofaschisten warfen sie von der Schule. Ernst und Minna Lachs waren säkularisierte Juden.

Sohn Thomas kam vier Monate nach dem „Anschluss" im Wiener Sanatorium „Hera" zur Welt. Zwei Monate später war er ein Flüchtlingskind.

Zuerst floh die Familie Lachs in die Schweiz, die allerdings im Sommer 1941 trachtete, die im Land lebenden Flüchtlinge wieder loszuwerden, sofern dies irgendwie möglich war. Am 6. Juli 1941 verfrachtete die Schweiz 26 österreichische Flüchtlinge in einen versiegelten Zug. Man hatte für sie Fahrkarten und Durchreisevisa für

Frankreich und Spanien besorgt, ihr Schiff sollte in Sevilla auslaufen. Die Schiffskarten mussten die Flüchtlinge selbst bezahlen, die Preise waren wegen der immensen Nachfrage horrend: 460 Dollar für Erwachsene, 230 für ein Kind. Nach heutiger Kaufkraft musste die Familie Lachs rund 20 000 Euro für die Überfahrt bezahlen – eine Reise, die sie nur mit Glück überleben sollte.

Ihr Schiff, die „Navemar", ist ein völlig heruntergekommener Frachter, die Mannschaft ist eine Gangstertruppe, die sich immer wieder an den Frauen an Bord vergreift. Der Kapitän wird nach der Ankunft in New York wegen Piraterie verhaftet. Im Bauch der „Navemar" wurden in sechs Reihen Stockbetten zusammengenagelt, an Deck hatte man einige Planken entfernt, um etwas Licht und Frischluft in diese „Unterkunft" fallen zu lassen. Mit 600 Flüchtlingen an Bord ist das Schiff stark überbelegt.

„Die Toiletten waren in einem Zustand, daß wir unsere Bedürfnisse auf ein Mal pro Tag zu reduzieren suchten. Ständig gab es Diarrhöekranke (genauer gesagt Bauchtyphus, wie sich bald herausstellte), die die Klosette in einem unbeschreibbaren Zustand zurückließen. Es war stockfinster und die Entlüftung ging in die Küche", beschreibt Minna Lachs später diese Flucht über den Atlantik. Bald sterben die ersten Passagiere. Die „Navemar" muss die gelbe Flagge aufziehen, um als Seuchenschiff erkannt zu werden. Niemand darf nun von Bord gehen. Die Leichen werden auf hoher See bestattet.

Als Verpflegung werden rohe, manchmal verfaulte Kartoffeln, Wurst und Sardinen verteilt. Wer von der Wurst isst, wird wenig später krank. Bei Zwischenstopps auf den Bermudas und in Kuba bringen Vertreter jüdischer Hilfsorganisationen Lebensmittel an Bord.

Die Überfahrt dauert 42 Tage. Wie schon bei der „Nea Hellas" warten auch bei der Ankunft der „Navemar" wieder Reporter am Pier in New York. Eine Story ist das allemal. In diesem September 1941 legen ja nicht mehr viele Flüchtlingsschiffe an. Die Familie Lachs wird fotografiert, der dreijährige *„Tommy Lochs"*, wie er im Bildtext einer New Yorker Boulevardzeitung genannt wird, hat als eines von nur drei Kindern die schreckliche Überfahrt überlebt.

Viel später wird Thomas „Tommy“ Lachs Mitglied des Direktoriums der Oesterreichischen Nationalbank werden.

Hatte die Vichy-Regierung schon bisher auf Wunsch der deutschen Besatzer Nordfrankreichs Juden zusammengetrieben und an die Nazis ausgeliefert, wird die Lage der noch in Südfrankreich lebenden Flüchtlinge im Herbst 1942 fast aussichtslos: Wegen der Landung der Alliierten in Nordafrika besetzt die Wehrmacht nun auch den Süden, um gemeinsam mit italienischen Truppen eine Invasion an der Riviera zu verhindern.

Der Sänger und Schauspieler Ernst Busch hat Pech gehabt. Erst jetzt, da die Deutschen auch im Süden sind, kann er aus dem Internierungslager Camp de Gur fliehen. Der linke Sozialdemokrat, Jahrgang 1900, hatte auf der Berliner Volksbühne und in Erwin Piscators Theater in Stücken von Brecht und Friedrich Wolf gespielt. In G. W. Pabsts Verfilmung der „Dreigroschenoper“ spielte er den Moritatensänger, der den „Mackie Messer“-Song zum Besten gab.

Als politischer Flüchtling ging Ernst Busch zuerst in die Sowjetunion und danach zu den Internationalen Brigaden im Spanischen Bürgerkrieg, wo er deren Barde wurde.

Als die Wehrmacht ihren Westfeldzug beginnt, ist Ernst Busch gerade in Antwerpen. Er flieht nach Frankreich und wird im Camp de Gur interniert. Jetzt, im Dezember 1942, entkommt er endlich und schlägt sich bis knapp an die Schweizer Grenze durch. Dort wird er von französischen Gendarmen verhaftet und der Gestapo übergeben. Die nächsten Jahre verbringt er in Einzelhaft im Berliner Gefängnis Moabit. Ernst Busch wird erst 1945 von der Roten Armee befreit.

Dennoch ist die Überlebenschance bei einer Flucht immer noch größer, wie eine grausame Statistik beweist. So wurden zwischen 1941 und 1944 fast 25 000 nach dem Einmarsch der Deutschen in Belgien verbliebene Juden in die Konzentrationslager deportiert. 1945 lebten nur noch 272 von ihnen. Aus Frankreich wurden 75 700 Juden, die nicht rechtzeitig flüchten konnten, in die Konzentrationslager gebracht. 2500 überlebten.

Aber auch eine vorerst gelungene Flucht ist nicht immer Rettung, wie das Beispiel der aus Berlin stammenden Familie Anna und Siegbert Podolski und ihrer fünfjährigen Tochter Beate zeigt.

Die Podolskis waren beim Überfall der Deutschen auf Westeuropa im Mai 1940 über Antwerpen und Brüssel in einen kleinen Ort in die Berge oberhalb von Nizza geflohen. Im September 1943 besetzen die Deutschen auch dieses bisher von Mussolinis Italien kontrollierte Gebiet im französischen Südosten, in dem die Juden bis dahin einigermaßen unbehelligt leben konnten. Die SS schickt ein Sonderkommando unter Alois Brunner in die Region, dieses beginnt sofort mit der Menschenjagd. Nun versuchen alle in diese Bergdörfer Geflohenen, darunter die Familie Podolski, die italienische Grenze zu erreichen. Von Italien versprechen sie sich noch ein wenig Sicherheit. Da die Mittelmeerküste von den Deutschen kontrolliert wird, führen die Flüchtlingsrouten über den Fenestre-Pass (2471 Meter) und den Cerise-Pass (2453 Meter). Der Marsch dauert unter gewöhnlichen Umständen zwei bis drei Tage. Aber der Zug über die Alpenpässe kommt nur langsam voran, weil auch viele ältere Menschen und Kinder in ihm unterwegs sind. Ein *„biblischer Exodus in Kälte und Regen und mit einem Mangel an Nahrungsmitteln"*, sei es gewesen, schreibt Serge Klarsfeld, einer der wichtigen Chronisten der Vertreibung.

Am 18. September fängt die SS 349 Flüchtlinge ab, unter ihnen auch Siegbert, Anna und Beate Podolski. Sie werden zuerst nach Nizza, dann ins Lager Drancy bei Paris und schließlich nach Auschwitz gebracht. Unmittelbar nach ihrer Ankunft werden die Podolskis am 10. Dezember 1943 ermordet.

Einige Männer können im Hinterland den Krieg und die Nazi-Herrschaft überleben. Der Wiener Josef Sterk etwa, Jahrgang 1903, hat sich mit einigen anderen Flüchtlingen aus verschiedenen Nationen als Forstarbeiter und Köhler in den Wäldern im Südosten Frankreichs mithilfe der Resistance über die Runden gebracht. Sterk war schon vor dem Einmarsch der Wehrmacht durch mehrere Internierungslager getrieben worden: Durch Colombes, später ins Lager Meslay, wo auch Karl Farkas und Leon Askin interniert waren. Als Sterk freikam, ging er nach Montauban, wo – so flüsterte man im

Lager – viele prominente Sozialdemokraten Zuflucht suchten und Hilfe für die Ausreise fanden. Aber Sterk war kein bekannter politischer Flüchtling, sondern bloß ein jüdischer Angestellter der Wiener Städtischen Versicherung. Früher war er bei der Sozialistischen Arbeiterjugend gewesen. Für ihn lag in Marseille kein Affidavit der amerikanischen Gewerkschaften bereit.

Als er erkannte, dass er aus Frankreich wohl nicht mehr wegkäme, versteckte er sich bis zur Befreiung im Jahr 1944 in den Wäldern.

Nach dem Krieg und seiner Rückkehr nach Wien wurde Sterk Chefredakteur des SPÖ-Pressedienstes, seine beiden Söhne Harald und Robert wurden bekannte Journalisten.

New York/Los Angeles 1941

AMERIKA, AMERIKA

Franklin D. Roosevelt steht den Flüchtlingen aus Europa nicht wirklich mit großen Sympathien gegenüber, das Engagement seiner Frau Eleanor sieht der Präsident mit eher gemischten Gefühlen. Innenpolitisch kann er damit nicht punkten, im Gegenteil: Es schadet ihm eher.

Aber er ließ sich zu einer barmherzigen Geste überreden: Roosevelt ringt den Hollywood-Studios „Metro-Goldwyn-Mayer" (MGM) und „Warner Brothers" zehn Arbeitsplätze für aus Europa geflüchtete Schriftsteller ab, für „ten outstanding Anti-Nazi-Writers". Die Jobgarantie gilt für ein Jahr, der Monatslohn beträgt 100 Dollar (etwa 1800 Euro nach Kaufkraft 2017). Die Europäer sollen Drehbuchideen und Drehbücher für amerikanische Filme entwickeln.

Die Riege der in den folgenden Wochen von New York Richtung Los Angeles per Eisenbahn losfahrenden Autoren – die Tickets bezahlen die Studios – kann sich sehen lassen: Alfred Döblin ist dabei, Heinrich Mann, Walter Mehring und Friedrich Torberg.

Torberg – der auslaufenden „Nea Hellas" im Hafen von Lissabon hat er am 4. Oktober sehnsüchtig nachgeblickt – ist wenige Tage später auf der „SS Exeter" untergekommen, einem Schiff der „American Export Lines", und er hat inzwischen den Atlantik überquert.

Ein Jahr später wird die „SS Exeter", inzwischen ein Truppentransporter, von einem deutschen U-Boot torpediert und vor Casablanca sinken.

Aber Friedrich Torberg hat es nach New York geschafft. Und jetzt geht es weiter Richtung Westen, quer durch den amerikanischen Kontinent, in die merkwürdige Welt der großen Hollywood-Studios.

Warum sollte hier keine Karriere möglich sein? Billy Wilder, am

Wiener Fleischmarkt hat er gewohnt, hat es geschafft und ist in Hollywood schon groß im Geschäft. Für Ernst Lubitschs „Ninotschka“ mit der großen Greta Garbo hat der kleine Wilder, er ist jetzt Mitte 30, das Drehbuch geschrieben und bald wird er auch seine erste Regie bekommen. Oder die Wienerin Vicky Baum, die auch erst seit ein paar Jahren in den USA ist. Die Nazis hatten sie als „jüdische Asphaltliteratin“ beschimpft und ihre Bücher verbrannt. In den USA wurde ihr Buch „Menschen im Hotel“ sogar verfilmt und danach als Theaterstück am Broadway aufgeführt.

Auch der Schriftsteller Erich Maria Remarque lebt hier sehr gut. Wie hatten ihn die Nazis gehasst, obwohl er nicht einmal Jude ist! Schon 1929 hatten ihre Schlägertrupps in Deutschland die Aufführung der mit einem Oscar ausgezeichneten Verfilmung von Remarques Anti-Kriegs-Roman „Im Westen nichts Neues“ zu verhindern versucht. Mit dessen englischer Übersetzung scheffelt er hier in den USA Geld, obwohl er gerade erst vor ein paar Monaten aus der Schweiz kommend hier eingewandert ist.

Man konnte es als Autor deutscher Zunge also durchaus schaffen, hier in den Vereinigten Staaten.

Das alles mag Torberg auf der tagelangen Reise durch die USA durch den Kopf gegangen sein. Bei der Ankunft am Bahnhof ist er noch übermütig: *„Wir kamen am Montag um 8.30 Uhr und zwar in Los Angeles an und wurden am Perron von vielen Mohren erwartet, die als Gepäckträger verkleidet waren.“*

Von einem „Assistant“ im Front Office der Warner Brothers-Studios bekommt Torberg ein Büro zugewiesen. Und dann passiert – nichts. Torberg macht sich auch darüber lustig: *„Wenn ich bedenke, daß Mr. Mac Ewen mich gestern Vormittag um 11 Uhr in fünf Minuten anzurufen versprach, um mir zu sagen, was ich zu tun hätte, und daß heute bereits heute Nachmittag ist, so war ich eigentlich auskömmlich beschäftigt.“*

Aber das Scherzen vergeht ihm bald. Einmal arbeitet er auf Aufforderung durch einen Produzenten zwei Monate lang Tag und Nacht an einem Drehbuch Treatment, um danach zu erfahren, dass das Projekt längst fallengelassen worden sei.

Die Autoren müssen jeden Tag pünktlich um zehn Uhr zum Dienst erscheinen und danach acht Stunden an ihren Schreibtischen absitzen. *„Tun tut man nichts, absolut nichts. Wir erledigen unsere Correspondenz, lesen Zeitung – was man eben so in Sitzhaft tun kann"*, schreibt Alfred Döblin an einen Freund.

Auch Döblin, einer der zehn von den Studios auf Wunsch von Präsident Roosevelt mit 100 Dollar im Monat durchgefütterten Autoren, erkennt rasch die Sinnlosigkeit dieses Daseins: *„Wir in den Filmstudios merkten bald: Die Gesellschaften hatten nur Wohltätigkeit üben wollen und meinten es nicht ernst mit unserer Arbeit. Wir konnten schreiben, was wir wollten. Es war eine Industrie."* Er schlägt die Zeit tot: *„Was tat ich, was mochte ich tun? Ich beobachtete die Menschen auf der Straße, in den Lokalen und in der Gesellschaft. Ich las Zeitungen und Zeitschriften, ich hörte viel Radio."*

Alfred Döblin schreibt vor sich hin und kann, anders als seine Kollegen, die von den Studios durchgefüttert werden, wenigsten einen kleinen Erfolg einfahren: Er liefert einen Beitrag zu einer Szene in Willam Wylers mit dem Drehbuch-Oscar ausgezeichneten Film „Mrs. Miniver". Das war es dann schon. *„Stumm hatte ich während der fünf Jahre in Hollywood gehockt in der Ecke. Amerika gefiel mir sehr. Es tat mir wohl, aber es nahm mich nicht an, es war nicht mein Land. Ich war nicht der Mann für dieses Land"*, notierte er 1946, nach seiner Rückkehr nach Frankreich. In den USA hatten dem zunehmend verarmenden Döblin sein erfolgreicherer Freund Lion Feuchtwanger und jüdische Hilfsorganisationen unter die Arme gegriffen. Letzteren hatte er Entscheidendes verschwiegen: Die Döblins ließen sich ein Jahr nach der Ankunft in den USA, also 1941, in der „Blessed Sacrement Church" von Los Angeles katholisch taufen. Dem war ein „Erweckungserlebnis" in einer gotischen Kathedrale während der Flucht durch Frankreich vorausgegangen.

Bertolt Brecht, auch er ist inzwischen in Kalifornien, „würdigt" die Konversion von Alfred und Erna Döblin später in einem Gedicht mit dem Titel „Peinlicher Vorfall."

Auch Alfred Polgar ist froh, als das Jahr in den Studios vorbei ist: *„Ich bekam nicht die kleinste Gelegenheit während meines Engage-*

ments, weder mich zu blamieren noch mich auszuzeichnen. Man nahm von meinem Vorhandensein kaum Notiz. Enfin – die Angelegenheit ist erledigt – und ich auf der Suche nach einem anderen Verdienst, besinne mich meiner Profession als sozusagen Schriftsteller."

Gemeinsam mit seinen Freunden Willi Schlamm und Friedrich Torberg kommt Polgar auf die Idee, eine deutschsprachige Ausgabe des „Time"-Magazins zu produzieren. Das Heft, so die Überlegung, könnte nach Hitlers Fall auch in Deutschland erscheinen und bei der Umerziehung des vom Nationalsozialismus benebelten deutschen Volkes gute Dienste leisten. Über eine Probenummer kam das Projekt allerdings nicht hinaus.

Auch der alte Heinrich Mann sitzt in einem Schreibstübchen der Hollywood-Studios und niemand kümmert sich darum, ob er etwas schreibt oder bloß zum Fenster hinaussieht. Nach diesem einen Jahr, in dem ihm das Studio 100 Dollar im Monat zahlt, ist Heinrich Mann, einer der großen Autoren Deutschlands, ohne Einkommen. Für seine Texte interessiert sich niemand mehr. Heinrich und Nelly leben in einer bescheidenen Wohnung. Es schmerzt Heinrich, dass er seinen in den USA berühmteren Bruder Thomas immer aufs Neue um einen Scheck bitten muss. Und seine Frau Nelly trinkt wieder. 1944 verursacht sie schwer alkoholisiert einen Autounfall. Danach begeht sie Selbstmord.

Lion Feuchtwanger hatte keine gute Ankunft in New York. Sofort nachdem die „SS Excalibur" Anfang Oktober 1940 angelegt hatte, waren Reporter auf ihn zugestürzt, und er hatte ihnen von seiner Flucht erzählt. Zu detailreich, wie andere Emigranten meinten: Er habe damit die Flucht der noch in Europa Festsitzenden gefährdet, warfen sie ihm vor. Auch sein Buch „Moskau 1937", in dem er Stalins Sowjetunion huldigte, wird dem ankommenden Feuchtwanger nun von einigen Zeitungen vorgehalten. Stalin ist in diesem Herbst 1940 schließlich noch immer Hitlers Bündnispartner.

Lion Feuchtwanger quartiert sich im „Hotel St. Moritz" in Manhattans 59. Straße ein und ist froh, als eine Woche später seine Frau Marta auf der „Nea Hellas" nachkommt. Die Feuchtwangers übersiedeln nach Kalifornien und langsam fließen wieder die Tantiemen. Er überweist alles Geld, das er entbehren kann, an Flüchtlingsorganisationen. Auch seinen mittellosen Freund Bertolt Brecht finanziert er.

Es bleibt immer noch genug, um ein eher verfallenes Haus in Pacific Palisades über der Küste von Santa Monica zu kaufen und es prächtig zu renovieren. Lion Feuchtwanger verlässt seine Villa in den kommenden Jahren kaum noch. Er meidet das Scheinwerferlicht, weil er als Freund der Kommunisten gilt – und in diesen Jahren nach dem Ende des Weltkriegs ist das in den USA ein schwerwiegender Vorwurf.

Da geht es bei den Werfels schon anders her. Auch sie haben gleich nach der Ankunft der „Nea Hellas“ im „St. Moritz“-Hotel eingecheckt und nach der Reihe kommen sofort Bekannte zu Besuch, die schon in New York sind: Carl Zuckmayer, Otto Habsburg, Hermann Broch.

Franz Werfels in Sanary-sur-Mer geschriebenes Buch „Der veruntreute Himmel“ wurde inzwischen ins Englische übersetzt und 150 000 Mal verkauft. *„Unverdientes Glück“*, schreibt er seinen Eltern, *„den meisten anderen geht es schlecht und sie müssen hart und mit wenig Hoffnung kämpfen“*.

Bei Franz Werfel laufen die Dinge hingegen prächtig. Mit seiner Alma hat er eine Villa in Berverly Hills bezogen und schon empfängt man wieder Gäste.

Werfels bester Freund Friedrich Torberg notiert über die nun wieder aufblühende Gastgeberin Alma: *„Ein Katalysator von unwahrscheinlicher Intensität, eine verwirrende Mischung aus Patronatsherrin und Patronne eines Maison de Rendezvouz.“*

Torberg selbst geht es schlecht, wie er Alma vorjammert: *„Mir ist ziemlich leer und schäbig zu Mute. Ich habe schon seit zwei Jahren nichts mehr Richtiges gearbeitet. Das hat eine Art geistiger Stuhlverstopfung zur Folge. Ich blühe herab.“*

Im Mai 1942 erscheint Franz Werfels Lourdes-Roman „The Song of Bernadette“, schon im Juni verdrängt er John Steinbecks „Bombs Away“ von Platz eins der Bestsellerlisten. Innerhalb eines Monats werden 300 000 Exemplare verkauft. Ein Jahr später wird der Stoff verfilmt – Werfel und der Verlag kassieren 125 000 Dollar, rund zwei Millionen Euro nach heutiger Kaufkraft. Der Film bekommt vier

Oscars und drei Golden Globes. Jennifer Jones, die damals 23-jährige Darstellerin der Bernadette, wird zum Star.

Während seine meisten Schriftstellerkollegen an der Armutsgrenze darben, wird Werfel mit Interviewanfragen überschüttet. „*Hundert anerkannte europäische Künstler, darunter einige echte Genies, leben von Almosen und Unterstützungen*", schreibt er fast schuldbewusst an seine in New York lebende Schwester Mizzi.

Dazu mag beigetragen haben, dass sich sein Freund Stefan Zweig mit seiner Frau Lotte zwei Monate zuvor, im Februar 1942, in Brasilien das Leben genommen haben. Zweig hatte Werfel in den Monaten zuvor mehrere verzweifelte Briefe geschrieben, in denen er den Verlust seiner Sprache, seines Lebensraums und damit seiner Identität beklagte. „*Ich habe diese Briefe leider nicht recht ernstgenommen*", schreibt Werfel an seine inzwischen in New York angekommene Mutter.

In einer Synagoge von Los Angeles hält Werfel die Trauerrede auf Stefan Zweig und er nennt darin die Todesursache: „*Spätere Geschlechter werden einmal die Tragik jener Dichter und Schriftsteller ermessen, die man ausgestoßen hat aus ihrer Sprache und die wie ahasverische Bettler auf der Schwelle einer fremden Grammatik und einer fremden Kultur hocken.*"

In ihrer in einen steilen Abhang der Hollywood Hills gebauten Villa geben Alma und Franz Werfel wie früher in Sanary-sur-Mer wieder gesellschaftliche Abende. Friedrich Torberg kommt, Max Reinhardt, Erich Maria Remarque, Arnold Schönberg, Erich Wolfgang Korngold und der Regisseur Fritz Kortner sind ebenfalls regelmäßig zu Gast im Hause Werfel. Der englische Komponist Benjamin Britten bringt stets seinen Lebensgefährten zu den Abenden im Hause Werfel mit. Die beiden jungen Männer gefallen Alma besonders.

Bis auf Alma sind die Gäste fast durchwegs Juden, wenngleich einige religiöses Wechselspiel betrieben. Arnold Schönberg etwa hatte sich erst im Pariser Exil im Juli 1933 in Anwesenheit des Malers Marc Chagall wieder dem jüdischen Glauben angeschlossen, den er 1898 aufgegeben hatte, um sich evangelisch taufen zu lassen. Den Krieg des Jahres 1914 hatte Schönberg feurig begrüßt.

Jetzt, da die Gefahr vorbei ist, erwachen in Alma wieder ihre alten antisemitischen Reflexe. Als ihr 1941 Chagall vorgestellt wird, trägt sie in ihr Tagebuch ein: „*Er hat wasserblaue, helle Augen und ein ebenso helles Hirn, wenn er auch oft abstruse Dinge gestaltet. Er ist im guten Sinne ein Jude: Er ist frei von jedem chauvinistischen Getue.*"

„*Benimm dich nicht wie ein Jud', setz dich her und trink ein Glaserl Schnaps!*", habe sie ihn einmal angeherrscht, erinnerte sich Werfels damaliger Privatsekretär Albrecht Joseph später in einem Gespräch mit dem Werfel-Biografen Peter Stephan Jungk. Er habe Alma daran erinnert, dass zwei ihrer guten Freunde, Joseph Roth und Egon Friedell, Juden und schwere Säufer gewesen seien.

Auch an einen Abend, an dem Alma zu weit gegangen sei, erinnerte sich Werfels Ex-Sekretär: „*Während einer Tea-Party meinte sie, man dürfe nicht alles verdammen, was die Nazis täten, es gebe da durchaus auch Lobenswertes. Als einer der Gäste erwiderte, allein schon die Tatsache, daß es Konzentrationslager gebe, reiche doch aus, einen um den Verstand zu bringen, entgegnete sie: ‚Ach was, diese Greuelpropaganda-Geschichten, die sind doch von euch Emigranten fabriziert! Mir hat eine Oberschwester versichert, daß die Lager eine hervorragende medizinische Betreuung haben.*'"

Der sanfte Franz Werfel nahm Almas antisemitische Spitzen für gewöhnlich nach außen hin gleichmütig hin, wenngleich er darunter litt, wie er Almas Tochter Anna Mahler einmal anvertraute. Aber bei dieser Tea-Party sei es aus ihm herausgebrochen, erzählte Albrecht Joseph dem Werfel-Biografen: „*Einen Augenblick saßen wir alle regungslos, wie paralysiert. Dann sprang Werfel plötzlich auf, brüllend, sein Gesicht wurde lila, seine Augen traten hervor. Nie habe ich ihn so gesehen. Es war wie das Donnern eines Propheten aus dem Alten Testament. Er hatte jede Kontrolle über sich verloren. Alma wirkte gänzlich ungerührt, wahrscheinlich dachte sie: Mein Mann hat sich wieder einmal wie ein ungezogenes Kind benommen.*"

Einer der Flüchtlinge aus Österreich ist nicht in den Westen Amerikas gezogen: Karl Farkas. Kalifornien ist ihm wohl doch zu weit weg von Europa, wo seine Frau Anny und sein Sohn Robert auf ihn warten.

Karl Farkas macht wieder einmal Kabarett, diesmal in New York mit dem Wiener Textdichter und Komponisten Jimmy Berg. Unter den Emigranten hat er bald eine ansehnliche Fangemeinde und arbeitet mit immer neuen Partnern zusammen, die wie er in die USA geflohen sind: Armin Berg, Robert Stolz, Oskar Karlweis. Er geht sogar auf Tournee und sein „Frosch" in der „Fledermaus" begeistert nicht nur die Emigranten. An der New Yorker Metropolitan Oper spielt er mit Jan Kiepura und Martha Eggerth in „The Merry Widow" und in Franz Lehars „Lustiger Witwe".

Im August 1945 hat Karl Farkas erstmals nach fünf Jahren wieder Briefkontakt mit seiner Frau, sie hat den Krieg in einem böhmischen Dorf überlebt. Anny Farkas muss ihrem Mann eine traurige Nachricht überbringen: Seine gesamte Familie wurde in den Konzentrationslagern ermordet, auch seine beiden Schwestern. Aber Robert, sein behinderter Sohn, er ist nun schon 17, küsse jeden Tag das Foto des Papa, schreibt ihm Anny.

Karl Farkas will zurück nach Wien. *„Glaubst Du, daß ich in Wien arbeiten könnte? Wie ist die Einstellung gegenüber den Juden und Flüchtlingen?"*, will er in einem Brief an seine Frau wissen. *„Du fragst mich, ob du noch Publikum hättest. Ich glaube, daß sich alles sehr verändert hat"*, schreibt Anny zurück. *„Die Dichter und Denker wurden getötet oder vertrieben und die anderen – ich glaube nicht mehr an das goldene Wienerherz. Sie waren so böse und ich habe Angst, daß sich ihre Meinung nicht geändert hat"*, schreibt sie zurück.

Karl Farkas sagt alle geplanten Auftritte ab, auch jenen mit Hermann Leopoldi in der New Yorker Carnegie-Hall, und schifft sich 1946 mit dem ersten Schiff, das wieder den Linienverkehr aufnimmt, nach Europa ein.

EPILOG

Nicht viele der emigrierten Dichter und Denker kehrten nach Kriegsende nach Europa zurück. Die meisten hatten ihre Angehörigen in der Shoah verloren und wollten nicht dorthin, wo ihre Peiniger lebten. Einige der berühmten Emigranten waren nicht lange nach ihrer Flucht verstorben, wie etwa Sigmund Freud, Franz Werfel und Heinrich Mann. Andere bauten in der neuen Heimat Existenzen auf: Die politische Philosophin Hannah Arendt lehrte an amerikanischen Universitäten; der Komponist Erich Wolfgang Korngold bekam für seine Filmmusik zweimal den Oscar, wurde dann aber vergessen; Billy Wilder wurde einer der ganz Großen in Hollywood.

Der vielleicht berühmteste unter den geflohenen Schriftstellern, Thomas Mann, verlor nach 1945 abermals eine Heimat. In einem offenen Brief mit dem Titel „Warum ich nicht nach Deutschland zurückkehre“ vertrat er die Kollektivschuld-These: Das deutsche Volk trage eine schwere Mitschuld am Aufstieg des Nationalsozialismus und den Untaten Hitlers. Wütende Proteste in der deutschen Öffentlichkeit waren die Folge. Gleichzeitig wurde es im beginnenden Kalten Krieg auch in den USA unangenehm für ihn. Rechte Republikaner begannen eine Kampagne gegen Mann, in der sie ihn als „fellow traveller“ des Weltkommunismus darstellten: Mann sei „einer der weltweit bedeutendsten Verteidiger von Stalin und Genossen“. Man warf ihm in der Hysterie dieser Zeit sogar vor, 1935 an einem Schriftstellerkongress in Paris teilgenommen zu haben, den der Kommunist Ilja Ehrenburg mitorganisiert habe.

1951 musste sich Thomas Mann – wie auch Bertolt Brecht – vor dem berüchtigten „Kongressausschuss für unamerikanische Umtriebe“ verantworten, in dem auch der kalifornische Abgeordnete Richard Nixon saß. Ein Jahr später übersiedelte der Schriftsteller in die Schweiz. Dass er in den Jahren, die ihm noch blieben, bei Deutschland-Besuchen auch die DDR bereiste, wurde von seinen Gegnern als Bestätigung des Kommunismus-Verdachtes ausgelegt.

Thomas Mann, 1949 in Weimar
In den USA wurde er als angeblicher „Kommunist" geächtet.

Alfred Polgar, er ist jetzt 76, geht im Frühjahr 1949, an Bord eines Schiffes mit Destination Europa. Auch er siedelt sich in der Schweiz an. Wien besucht er und spaziert durch die Leopoldstadt, den ehemals jüdischen Bezirk Wiens, in dem er sein erstes Leben verbracht hatte. Einen festen Wohnsitz nimmt er in der ihm fremd gewordenen Heimatstadt nicht mehr.

Bei seinem ersten Besuch erstaunt es ihn, dass Leopold Kunschak Vizebürgermeister von Wien ist. Er hatte den nunmehrigen ÖVP-Politiker als antisemitischen Kolumnisten der christlich-sozialen „Reichspost“ in Erinnerung, der schon 1936 „die Judenfrage“ durch Massenausweisungen „lösen“ wollte. Auch der amtierende Bundespräsident überrascht Polgar: Wie konnte der sozialdemokratische Spitzenpolitiker Karl Renner unbeschadet die Nazi-Zeit überdauern, wo doch viele weit unbedeutendere Funktionäre die heillose Flucht antreten mussten?

In Salzburg wundert er sich, dass es hier „mehr Nazis als Einwohner“ gebe. Und völlig perplex ist er, als er erfährt, dass sein Schriftstellerkollege Max Mell Dramaturg des Wiener Burgtheaters ist: *„Das letzte, was ich von ihm las, war eine ‚Ode an den Führer‘.“*

Die Schriftstellerin und Journalistin Hilde Spiel (1911–1990) verließ als illegale Sozialdemokratin schon 1936 Österreich. Sie kehrt im Jänner 1946 als Kriegskorrespondentin des Londoner „New Statesman“ in Uniform in einer britischen Militärmaschine nach Wien zurück.

Bald nach der Ankunft sucht Hilde Spiel ihr ehemaliges Stammkaffeehaus „Herrenhof“ in der Herrengasse auf (heute ist dort ein Steigenberger-Hotel), das zu ihrer Überraschung in dieser zerbombten Stadt noch intakt ist. Einer der ersten Kontakte mit ihrer Heimat, die sie ein Jahrzehnt lang nicht betreten durfte, ist ein Oberkellner namens Hnatek, der schon vor ihrer Flucht im „Herrenhof“ bediente. Später beschreibt Hilde Spiel dieses Zusammentreffen so: *„Es beginnt zu meinem Kummer eine Szene, wie sie mir in all ihren Einzelheiten von einem österreichischen Freund vorhergesagt wurde, der im Exil gestorben ist. Manchmal, im Internierungslager oder im Londoner Bombenhagel, hat er sich seinen Empfang nach dem Krieg im ‚Herrenhof‘ ausgemalt. ‚Der Herr Doktor haben den Krieg im Ausland verbracht?‘ würde der Kellner ihn auf jene höflich indirekte Weise fragen, die seit Maria Theresia in Schwange ist. ‚Das war aber g'scheit vom Herrn Doktor. Da haben Sie sich viel Unannehmlichkeit erspart. Wenn der Herr Doktor wüßten, was uns alles passiert ist. Das Elend, das wir durchgemacht haben!‘“*

WAS AUS IHNEN WURDE

Hannah Arendt (1906–1975)
Die politische Philosophin blieb in den USA und besuchte Anfang der 1950er-Jahre einige Male Deutschland. 1961 nahm sie als Berichterstatterin für das Magazin „The New Yorker“ in Jerusalem am Prozess gegen Adolf Eichmann teil und veröffentlichte danach ihr heftig diskutiertes Buch „Die Banalität des Bösen“. Kritiker warfen ihr vor, sie rede mit dem Begriff „banal“ die Nazi-Verbrechen klein. Im Alter von 69 Jahren erlag sie in Anwesenheit mehrerer Freunde in ihrer Wohnung in Manhattan einem Herzinfarkt.

Marc Chagall (1887–1985)
Der Maler kehrte 1948 nach Europa zurück und heiratete trotz seines fortgeschrittenen Alters noch zweimal. Er gestaltete große Glasfenster für Kirchen und Kathedralen in Metz, Zürich, Mainz und Reims, einen Gobelin für das israelische Parlament, Fenster im UN-Hauptquartier in New York und in der Universitätsklinik von Jerusalem. Er starb hochbetagt in seinem geliebten Südfrankreich.

Alfred Döblin (1878–1957)
Als der Krieg endlich vorbei war, rief er die Deutschen zur Selbstreinigung auf: „*Treten wir endlich auf unseren Platz. Stellen wir Männer heraus, die der Welt verkünden, daß Moral und Vernunft bei uns so gut wie bei anderen Völkern aufgehoben seien.*“ 1946 versuchte er, in Deutschland wieder Fuß zu fassen, der Versuch misslang, der literarische Erfolg blieb aus. 1953 zog er nach Frankreich, dessen Staatsbürgerschaft er ja seit 1936 hatte. Er starb während eines Klinikaufenthalts in Baden-Württemberg an der Parkinson-Krankheit.

Max Ernst (1891–1976)
In den USA angekommen heiratete er seine Retterin Peggy Guggenheim. Die Ehe funktionierte ein Jahr, dann wandte sich Max Ernst Guggenheims Assistentin zu. 1953 kehrte er nach Paris zurück. Seine Arbeiten erzielen heute bei Versteigerungen Preise jenseits der 20-Millionen-Euro-Marke.

Karl Farkas (1893–1971)
1946 nach Wien zurückgekehrt arbeitete Farkas zuerst für das Radio, 1950 übernahm er das Kabarett „Simpl" in der Wiener Wollzeile. Zu seinem Ensemble gehörten Ernst Waldbrunn, Cissy Kraner, Maxi Böhm und Ossy Kolmann. Anfang der 1960er-Jahre entdeckte ihn das Fernsehen. Farkas gestaltete die beliebten Sendungen „Bilanz des Monats", „Bilanz der Saison" und zu Silvester die „Bilanz des Jahres". Noch am Tag vor seinem Tod – er litt an Magenkrebs – stand Farkas auf der Bühne des „Simpl".

Lion Feuchtwanger (1884–1958)
Ab Ende der 1940er-Jahre lebte der linke Schriftsteller ständig in der Gefahr, vor das „Komitee für unamerikanische Aktivitäten" des Repräsentantenhauses geladen zu werden. Feuchtwanger schrieb als Reaktion ein Stück über die Hexenprozesse von Salem, ein Thema, dessen sich fünf Jahre später auch Arthur Miller annahm („Hexenjagd"). Nach Europa kehrte er nicht mehr zurück.

Lisa Fittko (1909–2005)
Lisa Fittko, die gemeinsam mit ihrem Mann Hans hunderte Flüchtlinge über die Pyrenäen gelotst hatte, strandete vorerst in Kuba. Erst 1948 konnten die Fittkos in die USA übersiedeln. Hans Fittko starb 1960. Lisa Fittko arbeitete als Universitätsangestellte in Chicago und engagierte sich in der Anti-Atom- und in der Friedensbewegung.

Varian Fry (1907–1967)
Gleich nach seiner Rückkehr fiel das Leben des Helden von Marseille auseinander. Er fand keinen adäquaten Job und bekam Magenprob-

leme. Seine Ehe zerbrach, seine Ex-Frau, der er sich weiter verbunden fühlte, starb an Lungenkrebs. Fry eröffnete ein Sound Recording Studio und heiratete 1950 noch einmal, das Paar bekam drei Kinder. Dann musste das Studio Konkurs anmelden, wenig später scheiterte auch Frys Ehe. Er nahm einen Job als Lateinlehrer in Connecticut an. Im September 1967 wurde er tot in seinem Zimmer aufgefunden. Er war einen plötzlichen Herztod gestorben. Die von ihm geretteten Prominenten haben sich nie mehr bei ihm gemeldet. In Thomas Manns Tagebüchern taucht sein Name in einem Nebensatz auf – falsch geschrieben.

Ernst Lachs (1904–1980)
1947 kehrte der Jurist nach Wien zurück und konnte, wie vor seiner Flucht, beim Magistrat arbeiten. Im Laufe seiner Karriere brachte es Lachs bis zum Direktor des Kontrollamts. Seine Frau Minna (1907–1993) wurde wieder Mittelschullehrerin und später Direktorin des Gymnasiums Haitzingergasse in Wien-Währing. Sohn Thomas wurde wirtschaftspolitischer Referent des ÖGB und später Direktor der Oesterreichischen Nationalbank.

Otto Leichter (1897–1973)
Mit seinen Söhnen Heinz und Franz war ihm 1938 die Flucht nach Frankreich gelungen. Seine Frau Käthe wurde im KZ ermordet. Nach Kriegsende kehrte Otto Leichter für ein Jahr nach Österreich zurück und scheiterte als Proponent eines linken Flügels in der SPÖ am Parteitag 1947. Enttäuscht zog er wieder nach New York und arbeitete als Korrespondent für verschiedene Zeitungen. Sein Sohn Heinz (Henry) wurde ein namhafter Anwalt in New York, Franz (Frank) war auf dem Ticket der demokratischen Partei viele Jahre lang Abgeordneter des New Yorker State Senats, zuständig für einen Teil Manhattans.

Oskar Karlweis (1894–1956)
In den USA spielte er zuerst mit Karl Farkas Kabarett, den größten Erfolg hatte er allerdings als Darsteller des vor den Nazis flüchtenden Juden in Franz Werfels „Jacobowsky und der Oberst“ 1944 am

Broadway. Nach dem Krieg drehte er in den USA mehrere Filme und spielte auch in einer deutschen Nachkriegsproduktion mit („Hollandmädel"). Er starb in New York nach einem Herzanfall.

Heinrich Mann (1871–1950)
Er konnte in den USA nicht an seine literarischen Erfolge in Deutschland anschließen. Es war nicht seine Welt, wie er vermutet hatte. 1949 berief die neue gegründete DDR Heinrich Mann zum Präsidenten der Akademie der Künste in Ost-Berlin. SED-Chef Walter Ulbricht begründete die Ernennung mit Heinrich Manns *„beispielhaftem Übergang vom bürgerlichen zu sozialistischen Humanismus."* Mann starb kurz vor seinem Abflug nach Berlin im kalifornischen Santa Monica. Er wurde 79 Jahre alt.

Thomas Mann (1875–1955)
Der Hatz unter der Knute des amerikanischen Senators Joseph McCarthy, eines antikommunistischen Verschwörungstheoretikers, wollte sich Thomas Mann ebenso wie Charlie Chaplin und Bertolt Brecht nicht aussetzen. Er ging zurück nach Europa und nahm Wohnsitz in der Schweiz. 1955 starb er 80-jährig an einem Aortariss infolge von Arteriosklerose.

Golo Mann (1909–1994)
Mit 30 hatte er seinen Onkel Heinrich 1940 über die Pyrenäen geschleppt. Mitte der 1950er-Jahre kehrte Thomas Manns Sohn nach Deutschland zurück, wohnte aber wie sein Vater in der Schweiz. Als dieser starb, schrieb er seinem Freund Marcel Reich-Ranicky: *„Unvermeidlich mußte ich seinen Tod wünschen; war aber während seines Sterbens und danach völlig gebrochen. Solche Nester voller Widersprüche sind wir nun einmal."* Golo Mann, ein geachteter Historiker, beriet danach den Sozialdemokraten Willy Brandt und später – ein Kontrastprogamm – CSU-Chef Franz Josef Strauß.

Klaus Mann (1906–1949)
In Sorge um seinen Bruder Golo und Onkel Heinrich hatte Klaus Mann in New York penibel Tagebuch geführt. Ab 1938 war er mit seiner Schwester Erika durch die USA gereist, um die Öffentlichkeit auf die Gefahr des Nationalsozialismus in Deutschland aufmerksam zu machen. Als Schriftsteller konnte er in den USA nicht erfolgreich sein. In Europa konnte er nach seiner Rückkehr nicht Fuß fassen. In Cannes nahm er eine Überdosis Veronal.

Erika Mann (1905–1969)
„Der Nazismus vertrieb mich aus meinem Geburtsland Deutschland, wo ich ziemlich erfolgreich gewesen war; Hitlers wachsender Einfluß in Europa veranlaßte mich, den Kontinent zu verlassen, und jetzt sehe ich mich – ohne eigenes Verschulden – ruiniert in einem Land, das ich liebe und dessen Staatsbürgerin zu werden ich gehofft hatte“, schrieb die politisch hochaktive Tochter Thomas und Katja Manns 1952, als sie nach Senator Joseph McCarthys Hexenjagd auf Linke das Land verließ. Sie lebte fortan mit ihren Eltern in der Schweiz und pflegte nach dessen Tod das Werk ihres Vaters, bis sie im Alter von 64 Jahren an einem Hirntumor verstarb.

Hertha Pauli (1906–1973)
Sie blieb in den USA, wo sie schon 1943 mit dem Buch „Silent Night. The Story of a Song“ einen literarischen Erfolg gelandet hatte. Viele ihrer Kinder- und Jugendbücher, zum Teil antifaschistische Lehrliteratur, erschienen auch auf Deutsch.

Alfred Polgar (1973–1955)
In den USA hatte er als freier Journalist für die Emigrantenzeitung „Aufbau“, das „Time“-Magazin und die argentinische Illustrierte „Panorama“ das nötige Geld verdient. 1949 ging er nach Europa zurück, nach Zürich, in Wien wollte er nicht mehr leben. Kurz hatte er einen kleinen Beraterjob im „Theater in der Josefstadt“. Er schrieb für die „Süddeutsche Zeitung“ und für den „Kurier“. Er starb in einer Aprilnacht, in der er eben drei Kritiken deutscher Theateraufführungen

für Friedrich Torbergs „Forum" beendet hatte. Dieser schrieb in seinem Nekrolog: *„In den Nachrufen auf den vor Kurzem verstorbenen Erzherzog Eugen konnte man lesen, daß mit ihm der letzte Marschall des Deutschen Ritterordens verstorben war. Mit Alfred Polgar starb der letzte Marschall des deutschen Sprachordens."*

Karl Hans Sailer (1900–1957)
Nach dem Parteiverbot von 1934 war der Redakteur der „Arbeiter Zeitung" kurzzeitig Chef der Untergrundorganisation „Revolutionäre Sozialisten", bevor er 1935 verhaftet wurde. Als er 1946 aus den USA nach Wien zurückkehrte, fand die Partei keinen namhaften Posten für ihn. Sailer ging zurück in die Redaktion der „Arbeiter Zeitung" und wurde dort stellvertretender Chefredakteur. Seine Frau Erna Sailer (1908–2004) wurde Leiterin der Fürsorgeanstalt der Stadt Wien, später Entwicklungshelferin in Birma und schließlich 1971 Botschafterin in Indien.

Anna Seghers (1900–1983)
Den größten Teil ihrer Fluchtjahre verbrachte Anna Seghers in Mexiko, wo sie auch ihren großen Erfolgsroman „Das siebte Kreuz" schrieb. Ihre Fluchtjahre arbeitete sie im Roman „Transit" auf. 1947 ging Anna Seghers nach Westberlin zurück und wechselte 1950 in den Osten über, wo sie mit hohen Ehren empfangen wurde. Kritik am DDR-Regime übte die zeitweilige Präsidentin des Schriftstellerverbands nie.

Robert Stolz (1880–1975)
Das Nazi-Regime hatte dem nichtjüdischen Emigranten wiederholt angeboten, „in Ehren" zurückzukommen. Stolz lehnte kategorisch ab. Erst 1946 reiste er nach Wien und setzte seine musikalischen Aktivitäten fort. Berühmt wurde seine Musik für die damals sehr beliebte „Wiener Eisrevue". Für den Film „Im Prater blüh'n wieder die Bäume" komponierte er 1958 die Titelmelodie. Seine Frau Einzi, die ihn aus dem französischen Lager gerettet hatte, war bis zu seinem Tod seine Managerin.

Friedrich Torberg (1908–1979)
Nach Wien kehrte er mit seiner Frau Marietta, die er in New York geheiratet hatte, 1951 zurück. Nach Arbeiten für die „Süddeutsche Zeitung" und „Die Presse" gründete er mithilfe des „Kongresses für kulturelle Freiheit", eine von der CIA finanzierte Organisation, die Kulturzeitschrift „Forum". Er brachte das Werk Fritz von Herzmanovsky-Orlandos heraus und übersetzte die Bücher des israelischen Autors Ephraim Kishon. Gemeinsam mit Hans Weigel machte sich der strikte Antikommunist Torberg für ein Aufführungsverbot der Werke Bertolt Brechts in Österreich stark. Sein größter Erfolg erschien 1975: „Die Tante Jolesch oder der Untergang des Abendlands in Anekdoten", ist bis heute ein vielzitiertes Schnurren-Kompendium. Torberg starb nach einer Venenoperation und wurde im jüdischen Teil des Wiener Zentralfriedhofs neben Arthur Schnitzler begraben.

Franz Werfel (1890–1945)
Der Starautor erhielt schon 1941 die amerikanische Staatsbürgerschaft und landete mit dem Lourdes-Roman „Das Lied von Bernadette" einen weiteren Welterfolg. Die Premiere der „Bernadette"-Verfilmung erlebte Werfel 1943 am Radioapparat am Krankenbett mit. Er litt an schwerer Angina Pectoris – und rauchte trotzdem Kette. Der Streit um sein zu einem Theaterstück umgearbeitetes Buch „Jakobowsky und der Oberst" setzte ihm schwer zu – er musste den Text für den Broadway dreimal umschreiben. Seinen letzten Herzanfall überlebte er nicht mehr. Werfel starb im August 1945.

Alma Mahler-Werfel (1879–1964)
Nach Wien kam die Witwe berühmter Männer (Mahler, Gropius und Werfel) nur noch einmal, 1947, kurz zurück, um in Restitutionsangelegenheiten zu verhandeln. 1951 übersiedete Alma von Los Angeles nach New York. Sie sei täglich um sechs Uhr früh aufgestanden, habe eine Flasche Champagner getrunken und danach eine Stunde lang aus Bachs „Wohltemperiertem Klavier" gespielt, erzählten Freunde über Almas späte Jahre. Viele ihrer Freunde zogen sich nach dem Erscheinen ihrer mit antisemitischen Zwischentönen durchsetzten

Autobiografie zurück. „*Sie ist mir recht zuwider geworden*“, schrieb Carl Zuckmayer. Alma Mahler-Werfel starb 1964 in ihrer New Yorker Wohnung.

INTERVIEW MIT JOHN SAILER UND THOMAS LACHS

„Wir konnten nicht Deutsch“

Der Wiener Galeriebesitzer John Sailer und der ehemalige Direktor der Oesterreichischen Nationalbank Thomas Lachs waren als Kinder auf der Flucht vor den Nazis. Das prägt ihr Leben bis heute.

Sie waren beide zwischen 1938 und 1941 als Kinder auf der Flüchtlingsroute durch Westeuropa unterwegs. Inwieweit war das in Ihrem späteren Leben präsent?
Sailer: Wir hatten ja unterschiedliche Erlebnisse. Die Familie Lachs war in der Schweiz und ist erst relativ spät aus Europa herausgekommen. Meine Familie ist mit hunderten anderen zuerst nach Paris gegangen, von dort 1940 auf diesem Flüchtlingstrail nach Montauban und Marseille und schließlich über Lissabon in die USA.

Haben Ihre Eltern später mit Ihnen über diese Jahre auf der Flucht gesprochen?
Sailer: Ja. Meine Mutter mehr als mein Vater. Zum Beispiel hat mir meine Mutter erzählt, dass einmal der Zug auf der Fahrt durch Spanien zu brennen begonnen hat.
Lachs: Bei uns war es ähnlich: Meine Mutter hat darüber gesprochen, mein Vater nur ganz wenig. Mein Vater hat es bis zu seinem Tod nicht verwunden, dass es ihm nicht gelungen ist, seine Eltern zu retten. Sie lebten in Graz, meine Großmutter war blind. Dann sind sie von den Nazis nach Wien in eine Sammelwohnung gebracht worden und von dort nach Theresienstadt. Mein Großvater ist in Theresienstadt gestorben, meine Großmutter wurde in Auschwitz umgebracht.

Haben Sie selbst Erinnerungen an die Zeit auf der Flucht? Sie waren beide ja erst drei Jahre alt.
Lachs: Meine einzige Erinnerung ist jene an Szenen an Bord des Schiffes am Atlantik, als Matrosen auf die jungen Frauen losgegangen sind.
Sailer: Ich erinnere mich nur daran, dass das Schiff sehr stark geschwankt hat und meine Mutter schwer seekrank war. Sie ist fast die ganze Überfahrt lang gelegen.

Sie kommen beide aus sozialdemokratischen Familien. Inwieweit war Ihren Eltern ihr Judentum überhaupt bewusst?
Lachs: Wir waren Sozialdemokraten und das Judentum kam nur ganz am Rande vor. Als Jugendlicher zurück in Wien war ich dann in sozialdemokratischen und nicht in jüdischen Jugendorganisationen. Aber im Lauf meines Lebens hat sich das verschoben.
Sailer: Bei mir waren die Großeltern väterlicherseits keine Juden und sind in Wien geblieben. Die Eltern meiner Mutter haben es noch bis Paris geschafft, meine Großmutter ist dort gestorben, der Großvater ist mit uns in die USA geflohen. Mein Großvater wurde im galizischen Brody geboren und war zuerst ganz unglücklich, dass meine Mutter einen Sozialdemokraten geheiratet hatte. Ich bin jedenfalls in einer völlig unreligiösen Atmosphäre aufgewachsen.

Ihr Vater war ein politischer Flüchtling.
Sailer: Ja. Und jeden Samstag kamen in New York viele der sozialdemokratischen Emigranten zu uns: Wilhelm Ellenbogen, der „Arbeiter Zeitungs"-Kollege meines Vaters Jacques Hannak, der Sozialforscher Hans Zeisel. Und alle haben durcheinandergeredet. Es hat ja große Konflikte gegeben, vor allem mit Friedrich Adler. Adler war der Meinung, dass der Anschluss an Deutschland nach der Niederlage der Nationalsozialisten nicht rückgängig gemacht werden sollte. Und es ging bei den Diskussionen auch darum, ob man mit den Kommunisten und der Sowjetunion kooperieren solle.

Die Flüchtlingskinder Thomas Lachs und John Sailer

Ihre ersten Kindheitserlebnisse hatten Sie in New York ...
Sailer: Und zwar im Kindergarten, wir beide sind in denselben gegangen.

Dort haben Sie von Beginn an Englisch gesprochen?
Lachs: Natürlich. Ich konnte nicht mehr Deutsch, als wir nach Österreich zurückgekommen sind.

Mit Ihren Eltern haben Sie auch nicht Deutsch gesprochen?
Lachs: Nein. Mein Vater hat in den letzten vier Jahren beim amerikanischen Geheimdienst OSS gearbeitet und wir haben in einer Offizierssiedlung in Arlington, nahe Washington, gewohnt. Es herrschte

große Angst vor Spionen und wenn jemand Deutsch gesprochen hat, wurde sofort die Militärpolizei geholt.
Sailer: Wenn man in der Öffentlichkeit Deutsch gesprochen hat, hat das auch sofort Aggressionen hervorgerufen.

Ist man Ihnen freundlich begegnet? Die Amerikaner waren ja nicht sehr offen für Flüchtlinge.
Sailer: Das stimmt. Auch Präsident Roosevelt war Flüchtlingen gegenüber nicht sehr positiv eingestellt, weil ihm das in den Wahlkämpfen geschadet hätte. Vor allem wenn es um jüdische Flüchtlinge ging.
Lachs: Man darf nicht vergessen, dass es auch in den USA Antisemitismus gab. Ich habe 1957/58 in Princeton studiert, da gab es einen riesigen Antisemitismus-Skandal, der es sogar auf die Titelseite der „New York Times" geschafft hat.

Haben Sie als Kinder amerikanische Freunde gehabt?
Lachs: Fast ausschließlich. Meine Mutter hat in einer Privatschule in Washington unterrichtet und als Teil ihrer Gage durfte ich dort in die Schule gehen. Am meisten Kontakt hatte ich aber mit den Offizierskindern in der Wohnanlage in Arlington.
Sailer: Ich war nicht viel mit anderen Kindern zusammen, ich war lieber unter Erwachsenen. Aber wir waren jedes Jahr drei Monate lang in Maine, dort habe ich mich mit den Kindern der Bauern angefreundet.
Lachs: Man muss dabei aber in Betracht ziehen, dass wir völlig „amerikanisiert" waren und amerikanisches Englisch gesprochen haben. Man konnte nicht wirklich erkennen, dass wir Ausländer waren.

Sie sind mit neun oder zehn Jahren in ein völlig devastiertes Österreich zurückgekommen. Wie haben Sie dieses Land empfunden, das Sie ja nicht kannten?
Lachs: Ich war zwei Monate alt, als wir aus Österreich geflohen sind, und für mich war die Rückkehr schrecklich, weil wir nicht genug zu essen hatten. Die meisten Bauern haben 1947, als wir zurückgekommen sind, keine Städter mehr „genommen", die zum Hamstern ausgerückt

sind. Ich musste dann innerhalb von sechs Monaten genügend Deutsch lernen, um die Aufnahmeprüfung ins Gymnasium zu schaffen.
Sailer: Ich habe eigentlich nicht unter diesen Nachkriegsumständen gelitten, ich hatte allerdings ein Re-Entry-Permit für die USA und hätte wieder zurückgekonnt.

Nur Sie hatten dieses Permit oder auch Ihre Eltern?
Sailer: Nur ich. Damit hat man mich getröstet, als wir von New York weggegangen sind. Ich habe in Wien bis 1955 hauptsächlich mit der Besatzungsszene Kontakt gehabt. Unsere Nachbarn in Hietzing waren Engländer, ich bin ins amerikanische Kino gegangen und habe die englischsprachigen Radioprogramme gehört. Es war interessant, in diesen zwei Welten zu leben. So ist es eigentlich mein ganzes Leben lang geblieben.

Insofern hat die Flucht Ihr Leben geprägt.
Sailer: Meines ganz sicher. Ich bin in zwei Kulturen aufgewachsen.
Lachs: Meine Eltern haben in den ersten Jahren, in denen wir wieder hier waren, darauf bestanden, dass ich keinen Kontakt mit Amerikanern habe. Sie wollten einfach, dass ich Deutsch lerne. Englischunterricht habe ich an einer Schule für amerikanische Kinder bekommen.

Waren Sie in Österreich wieder mit Antisemitismus konfrontiert?
Sailer: Ich eigentlich nie.
Lachs: Wir waren relativ viele Juden in unserer Klasse im Gymnasium Rosasgasse in Meidling, alle Jahrgang 1938. Es gab bei uns einen Klassen-Nazi, der einmal eine böse Bemerkung gegen unseren jüdischen Mitschüler Adolf Silberstein gemacht hat. Silberstein ist drei Jahre zuvor narbenübersät aus dem KZ gekommen und hat den Nazi furchtbar verdroschen. Dann ist der katholische Religionslehrer gekommen und hat dem Antisemiten auch noch die Leviten gelesen. So ambivalent war Wien.

Sie haben zuvor erwähnt, dass sich Ihre Einstellung zu Ihrem Judentum geändert hat. Inwiefern?
Lachs: Ich war das Kind einer sozialdemokratischen und konfessionslosen Familie. Im Gymnasium hatten wir einen Direktor, der selbst von den Nazis eingesperrt worden war. An der Universität hat sich das schon geändert. Da war man plötzlich mit den antisemitischen Studenten aus den schlagenden Burschenschaften konfrontiert. Da wurde einem auch das eigene Judentum bewusster.

Als vor zwei Jahren die große Flüchtlingswelle über Europa schwappte – haben Sie sich da in diesen Flüchtlingen wiedererkannt?
Sailer: Dass sich Europa so schäbig gegenüber den Flüchtlingen verhalten hat, hat mich sehr geärgert. Ich halte Angela Merkel für eine großartige Politikerin. Ich bewundere ja den Tommy Lachs, er hat sich in meiner Hochachtung noch verdoppelt, weil er sich so persönlich um die Flüchtlinge kümmert.

Was haben Sie getan?
Lachs: Ich habe zuerst am Westbahnhof bei der Flüchtlingshilfe gearbeitet, dann in Meidling und in der ehemaligen Finanzlandesdirektion, dem größten Flüchtlingslager in Wien. Im Lager beim Westbahnhof hab ich gleich am ersten Tag Frühstück für 200 Leute machen müssen. Am Beginn hatten wir nicht einmal Betten, weil es im Dezember 2015 in ganz Europa keine Stockbetten mehr zu kaufen gab. Die Leute mussten am Boden schlafen. Zwei Babys wurden dort auch geboren. Ich habe zwar immer gewusst, was meine Eltern durchgemacht haben, aber mir ist erst bei dieser Flüchtlingsarbeit klargeworden, was das heißt. Nach zwei Monaten bin ich dann zusammengebrochen. Ich habe Aphten im Mund bekommen und Herzbeschwerden. Der Arzt hat gesagt, ich darf nicht weitermachen. Jetzt kümmere ich mich um zwei irakische Familien. Der Mann der einen Familie ist derzeit halbtags bei einer Elektroinstallations-Firma beschäftigt und demnächst ganztags, worüber wir uns alle sehr freuen. Sie leben in Deutsch-Wagram, ein toller Ort. Dort sind 80 Personen in der Flüchtlingsbetreuung tätig.

Ist das auch eine Art persönliche „Vergangenheitsbewältigung"?
Lachs: Vielleicht. In Wahrheit hat ja auch unsere Generation vieles verdrängt. Aber anders war eine Rückkehr nicht möglich: Wenn du dich ständig fragst, ob der Mann, der dir gerade auf der Straße entgegenkommt, bei der SS war, dann hältst du das nicht aus.

ZEITTAFEL

1932
Sowohl bei den deutschen Reichstagswahlen im Juli als auch bei jenen im November wird die NSDAP stärkste Partei. Sie erhält etwa so viele Stimmen wie SPD und KPD zusammen.

1933
30. Jänner Adolf Hitler wird deutscher Reichskanzler.
27. Februar Reichstagsbrand. Tags darauf Verbot der KPD.
20. März In Dachau bei München wird das erste Konzentrationslager eingerichtet.
22. Juni Verbot der SPD.

1935
15. September Die „Nürnberger Gesetze“ treten in Kraft, Verbot der Eheschließung und außerehelicher Beziehungen zwischen Juden und Nichtjuden.

1936
5. März Wiedereinführung der Wehrpflicht.
1. August Eröffnung der Olympischen Spiele in Berlin.

1938
12. März „Anschluss“ Österreichs.
30. September „Münchner Abkommen“ zwischen England, Frankreich, Italien und Deutschland. Die tschechischen Sudetengebiete fallen an Hitler.
9. November Pogrome gegen Juden im gesamten Deutschen Reich.

1939
März Deutschland besetzt auch den Rest Tschechiens.
23. August Nichtangriffspakt zwischen Deutschland und der Sowjetunion.
1. September Deutscher Überfall auf Polen. Der Zweite Weltkrieg beginnt.
3. September England und Frankreich erklären aufgrund des Beistandspakts mit Polen Deutschland den Krieg. Frankreich ordnet die Internierung aller deutschen Staatsbürger zwischen 17 und 50 Jahren an, die sich auf französischem Staatsgebiet befinden.
17. September Stalins „Rote Armee" marschiert wie mit Hitler paktiert in Ostpolen ein.

1940
9. April Deutschland besetzt Norwegen und Dänemark.
10. Mai Beginn des Westfeldzugs. Die Niederlande und Belgien kapitulieren innerhalb von zwei Wochen. In Frankreich werden nun alle Deutschen bis zum 65. Lebensjahr als „feindliche Ausländer" interniert. Winston Churchill wird Premierminister.
*14. Jun*i Besetzung von Paris.
22. Juni Waffenstillstands-Abkommen. Die Wehrmacht besetzt den Norden und den Westen Frankreichs. Im Süden wird ein Marionettenstaat unter Marschall Philippe Pétain errichtet.
September Beginn des Bombardements britischer Städte durch die deutsche Luftwaffe.
30. Juni Deutschland besetzt die britischen Kanalinseln.
27. September Dreimächteabkommen zwischen Deutschland, Italien und Japan.

1941
Februar Deutschland entsendet ein Afrikakorps, um die in Nordafrika agierenden Italiener zu unterstützen. General Rommel stößt bis Ägypten vor.
6. April 1941 Deutschland greift in den von Italien losgebrochenen Krieg auf dem Balkan ein, nachdem Mussolinis Truppen in Bedrängnis geraten sind.

27. April Athen wird besetzt.
22. Juni Überfall Hitler-Deutschlands auf die Sowjetunion.
August Beginn der Massenerschießungen von Juden während des Vormarsches in der Sowjetunion.
1. September In Deutschland wird angeordnet, jeder Jude ab dem 6. Lebensjahr habe einen gelben Davidstern mit der schwarzen Aufschrift „Jude" an der Kleidung zu tragen.
30. September Ermordung von 30 000 Juden in der Schlucht Babyn Yar bei Kiew.
5. Dezember Die Wehrmacht steht vor Moskau.
7. Dezember Das mit Deutschland verbündete Japan fliegt einen schweren Angriff auf den US-Stützpunkt Pearl Harbour auf Hawaii. Die USA treten in den Krieg ein.

1942
20. Jänner Bei einer Konferenz am Wannsee nahe Berlin wird die Vernichtung aller europäischen Juden beschlossen.
Frühjahr/Sommer Die Luftangriffe der Alliierten auf deutsche Städte werden intensiviert.
20. März 1942 Im Konzentrationslager Auschwitz-Birkenau beginnen die Vergasungen.
28. Juni Sommeroffensive der Wehrmacht in Russland mit dem Ziel, bis zum Kaukasus und den Unterlauf der Wolga vorzustoßen. Größte Ausdehnung des von Deutschland besetzten Gebiets: Es reicht von der Normandie bis in mittelasiatische Elbrus-Gebirge und von Finnland bis Nordafrika.
23. August Deutsche Truppen stoßen in die Vororte von Stalingrad an der Wolga vor.
23. Oktober Erfolgreicher Gegenangriff der Briten in Nordafrika.
Oktober Den Briten gelingt mit der Maschine „Enigma" die Dechiffrierung des deutschen U-Boot-Funkverkehrs.
11. November Deutsche Truppen marschieren in den noch unbesetzten Teil Frankreich ein.
Dezember Die 6. Armee der deutschen Wehrmacht wird bei Stalingrad eingekesselt.

1943
2. Februar Die 6. Armee kapituliert bei Stalingrad.
18. Februar Propagandaminister Goebbels fordert in einer Rede im Sportpalast den „totalen Krieg“.
19. April Aufstand der Juden im Warschauer Ghetto. Er wird blutig niedergeschlagen.
13. Mai Kapitulation der deutschen Truppen in Nordafrika.
10. Juli Die Alliierten landen in Sizilien.
25. Juli Schwere Bombardierung Hamburgs. Mussolini wird auf Befehl von König Viktor Emanuel III. verhaftet.
August Großoffensive der Roten Armee.
3. September Landung der Alliierten am italienischen Festland.
13. September Mussolini wird von deutschen Fallschirmjägern befreit. Er soll in Norditalien eine faschistische Republik errichten.
13. Oktober Die neue italienische Regierung erklärt Deutschland den Krieg.
November Kiew wird zurückerobert.

1944
2. Jänner Schwerer Luftangriff auf Berlin.
27. Jänner Die zwei Jahre und fünf Monate währende Blockade von Leningrad wird durchbrochen. In der Stadt starben in dieser Zeit 1,1 Millionen Menschen. Die meisten der Opfer verhungerten.
12. Mai Die Krim wird von der Roten Armee zurückerobert.
4. Juni Rom wird kampflos an die Alliierten übergeben.
6. Juni D-Day: Landung der Alliierten in der Normandie.
12. Juni Als Repressalie ermordet die Waffen-SS in der zentralfranzösischen Stadt Oradour-sur-Glane 640 Menschen.
20. Juli Ein Attentat hoher Offiziere auf Hitler scheitert.
15. August US-Truppen und Verbände der französischen Exil-Armee landen an der Cote d'Azur zwischen Toulon und Cannes.
18. August Die Rote Armee erreicht die Grenzen Ostpreußens.
25. August Paris wird befreit, Tage später kapitulieren die deutschen Verbände in Marseille.
3. September Befreiung Brüssels.

25. September Hitler ordnet die Aufstellung eines „Volkssturms" an.
1. Oktober In Marzobotto nahe Bologna ermorden Wehrmacht und SS mehr als 800 Zivilisten.
19. Oktober Nach dem gescheiterten Aufstand der polnischen Heimatarmee ordnet Hitler die völlige Zerstörung Warschaus an. Die Rote Armee hatte den Aufstand nicht unterstützt und damit seine Niederlage besiegelt.
25. Dezember Die Sowjettruppen haben Budapest eingekesselt.

1945
27. Jänner Auschwitz wird von der Roten Armee eingenommen. Die meisten der noch lebenden Häftlinge waren zuvor in Todesmärschen weggetrieben worden.
30. Jänner Der nicht als Lazarettschiff markierte Truppentransporter „Wilhelm Gustloff" wird von einem sowjetischen U-Boot vor der Küste Pommerns versenkt. Rund 9000 Menschen ertrinken, die meisten davon sind Zivilisten.
4.–11. Februar Konferenz von Jalta. Budapest wird eingenommen.
22. März US-Truppen überschreiten den Rhein.
29. März Verbände der Roten Armee betreten bei Klostermarienberg im Burgenland österreichisches Gebiet.
6. April Beginn der Schlacht um Wien.
12. April Tod Franklin D. Roosevelts.
13. April Wien ist befreit.
23. April Berlin ist komplett eingeschlossen.
27. April Proklamation der Selbständigkeit Österreichs.
28. April Partisanen erschießen unweit des Comer Sees Benito Mussolini.
29. April Befreiung des Konzentrationslagers Dachau.
30. April Adolf Hitler begeht in seinem Berliner Führerbunker Selbstmord.
4. Mai Salzburg wird kampflos von US-Truppen eingenommen.
6. Mai Ganz Berlin ist von der Roten Armee erobert.
8. Mai Kapitulation Deutschlands. Der Krieg in Europa ist zu Ende.

LITERATURVERZEICHNIS

Hannah Arendt: Wir Flüchtlinge. In: „Zur Zeit. Politische Essays". Berlin 1986; erstmals erschienen als We Refugees. Menorah Journal, 1943

Stefan Aust: Hitlers erster Feind. Der Kampf des Konrad Heiden. Reinbek 2016

David Axmann: Friedrich Torberg – eine Biographie. München 2008

Stephan Baier, Eva Demmerle: Otto von Habsburg. Die Biographie. Wien 2002

Manfred Bauer: Friedrich Adler – Rebell der Einheit. Wien 2004

Donald Carroll: Escape from Vichy. American Heritage, June/July 1983; Volume 34

Doris Danzer: Zwischen Vertrauen und Verrat. Deutschsprachige kommunistische Intellektuelle und ihre sozialen Beziehungen. Berlin 2012

Heinrich Detering: Thomas Manns amerikanische Religion. Frankfurt am Mai 2012

Alfred Döblin: Schicksalsreise. Frankfurt am Main 1949

Christian Ehetreiber, Heimo Halbrainer, Bettina Ramp: Der Koffer der Adele Kurzweil. Auf den Spuren einer Grazer jüdischen Familie in der Emigration. Graz 2001

Brigitte Esser, Michael Venhoff: Chronik des Zweiten Weltkriegs. Gütersloh/München 1994

Lion Feuchtwanger: Der Teufel in Frankreich. Berlin 1982

Lisa Fittko: Mein Weg über die Pyrenäen. München 1985

Varian Fry: Auslieferung auf Verlangen. München 1986

Sabine Günther: Herzasthma des Exils. Eine literarische Spurensuche in Marseille. Frankreich 2014

Ernst Hanisch: Der große Illusionist Otto Bauer. Wien. Köln. Weimar 2011

Eveline Hasler: Mit dem letzten Schiff – Der gefährliche Auftrag des Varian Fry. München 2016

Christa Heinrich: Zuflucht Portugal. Exilstation am Rande Europas. In: Filmexil 16, Oktober 2002

Eric Hobsbawm: Gefährliche Zeiten. München 2002

Sheila Isenberg: A Hero of Our Own: The Story of Varian Fry. New York 2001

Peter Stephan Jungk: Franz Werfel. Eine Lebensgeschichte. Frankfurt 1987

Alfred Kantorowicz: Exil in Frankreich. Bremen 1971

Hermann Kesten: Dichter im Café. München–Wien–Basel 1959

Serge Klarsfeld: Le Calendrier de la persécution des Juifs. Paris 2012

Anne Klein: Flüchtlingspolitik und Flüchtlingshilfe 1940–1942: Varian Fry und die Komitees zur Rettung politisch Verfolgter in New York und Marseille. Belin 2007

Monika Klinger: Exil in Frankreich; in „Die Zeit“, 3. November 1989

Arthur Koestler: Sonnenfinsternis. Wien 1978

Bruno Kreisky: Zwischen den Zeiten. Erinnerungen aus fünf Jahrzehnten. Wien 1986

Minna Lachs: Warum schaust du zurück: Erinnerungen 1907–1941. Wien 1986

Claude Lévy-Strauss, Traurige Tropen. Frankfurt am Main 1978

Günther Liehr: Marseille – Porträt einer widerständigen Stadt. Zürich 2013

Deborah Lipstadt: Beyond Believe – The American Press and the Coming of the Holocaust. New York 1986

Neill Lochery: Lisbon: War in the Shadows of the City of Light, 1939–45. London 2011

Marianne Loring: Flucht aus Frankreich. Die Vertreibung deutscher Sozialdemokraten aus dem Exil. Frankfurt 1996

Alma Mahler: Mein Leben. Frankfurt am Main 1963

Heinrich Mann: Ein Zeitalter wird besichtigt. Frankfurt am Main 2005

Klaus Mann: Lieber und verehrter Onkel Heinrich. Reinbeck bei Hamburg 2011

Thomas Mann: Die Tagebücher 1918–1955 in zehn Bänden. Frankfurt 1997

Thomas Mann: Betrachtungen eines Unpolitischen. Frankfurt 1918

Thomas Mann: Briefe II, 1937-1947. Frankurt am Main 1979

Thomas Mann: Verkannte Dichter unter uns. In: Gesammelte Werke Band 10. Frankfurt am Main 1974

Andy Marino: American Pimpernel – The Man Who Saved the Artists on Hitler's Death-List. New York 1999

Andy Marino: A Quiet American: The Secret War of Varian Fry. New York 2000

Walter Mehring: Briefe aus der Mitternacht. Heidelberg 1971

Insa Meinen, Ahlrich Meyer: Verfolgt von Land zu Land. Jüdische Flüchtlinge in Westeuropa 1938–1944. Paderborn 2013

Soma Morgenstern: Flucht in Frankreich. Berlin 2000

Patrick von zur Mühlen: Fluchtweg Spanien–Portugal: Die deutsche Emigration und der Exodus aus Europa 1933–1945. Bonn 1992

Hertha Pauli: Der Riss der Zeit geht durch mein Herz. Berlin 1970

Philo-Atlas, Handbuch für jüdische Auswanderung. Berlin 1938

Alfred Polgar: Bei Lichte betrachtet. Texte aus vier Jahrzehnten, zusammengestellt von Bernt Richter. Reinbek bei Hamburg 1970

Sylvia Pötscher: Leben im Exil in Frankreich. Eine vergleichende Analyse der autobiographischen Exil- und Widerstandsdarstellungen im Werk der Autorinnen Lisa Fittko und Hertha Pauli. Diplomarbeit Universität Wien 2009

Fritz Raddatz: Der Engel von Marseille; in „Die Zeit“, 5. März 1993

Joseph Roth: Radetzkymarsch. Berlin 1932

Anna Seghers: Transit. Berlin 1951

Hilde Spiel: Rückkehr nach Wien. München 1968

Bil Spira: Die Legende vom Zeichner. Wien–Vernet–Groß-Rosen–Paris. Wien 1998

Bil Spira: Pariser Impressionen. Salzburg/München 1998

Georg Spitaler, Michaela Maier: Vertreibung und Neubeginn. Der Journalist Josef Sterk. Wien 2017

Friedrich Torberg: Die Tante Jolesch oder Der Untergang des Abendlands in Anekdoten. München 1975

Friedrich Torberg: Eine tolle, tolle Zeit. Wien 1989

Klaus Voigt: Gedenken an jüdische Flüchtlinge im Piemont. In: Nachrichtenbrief der Gesellschaft für Exilforschung Berlin, Dezember 2006

Annette Vowinckel: Hannah Arendt – zwischen deutscher Philosophie und jüdischer Politik. Berlin 2004

Ronald Weber: The Lisbon Route: Entry and Escape in Nazi Europe. Washington 2011

Franz Werfel: Das Lied von Bernadette. Wien 1948

Ulrich Weinzierl: Alfred Polgar. Eine Biografie. Wien 2005

Jonathan Wilson: Marc Chagall. New York 2007

Gerhard Zeilinger: Karl Farkas. Heimkehr ins Nebelgrau. „Der Standard", 26. 10. 2015

Stefan Zweig: Die Welt von Gestern. Stockholm 1944

Reinhard Trinkler / Fritz Schindlecker

Heinz Fischer und die Zweite Republik

Eine Graphic Novel

112 Seiten
Hardcover
ISBN 978-3-8000-7655-0

Flüchtlingsrouten 1933 bis 1942